U0549190

本书获得中国社会科学院大学中央高校基本科研业务费新文科后期出版资助项目经费支持
谨以致谢！

SZMT

中国社会科学院大学文库 · 数字媒体前沿译丛

中国社会科学院大学文库 · **数字媒体前沿译丛**

# 数字文化中模因的话语权力

## The Discursive Power of Memes in Digital Culture

Ideology,Semiotics,and Intertextuality

〔奥〕布拉德利 · 维金斯（Bradley E. Wiggins） **著**

李书藏　杨　凌　**译**

社会科学文献出版社
SOCIAL SCIENCES ACADEMIC PRESS (CHINA)

The Discursive Power of Memes in Digital Culture:Ideology,Semiotics, and Intertextuality

By Bradley E. Wiggins/9781138588400

# “中国社会科学院大学文库”总序

恩格斯说：“一个民族要想站在科学的最高峰，就一刻也不能没有理论思维。”人类社会每一次重大跃进，人类文明每一次重大发展，都离不开哲学社会科学的知识变革和思想先导。中国特色社会主义进入新时代，党中央提出“加快构建中国特色哲学社会科学学科体系、学术体系、话语体系”的重大论断与战略任务。可以说，新时代对哲学社会科学知识和优秀人才的需要比以往任何时候都更为迫切，建设中国特色社会主义一流文科大学的愿望也比以往任何时候都更为强烈。身处这样一个伟大时代，因应这样一种战略机遇，2017 年 5 月，中国社会科学院大学以中国社会科学院研究生院为基础正式创建。学校依托中国社会科学院建设发展，基础雄厚、实力斐然。中国社会科学院是党中央直接领导、国务院直属的中国哲学社会科学研究的最高学术机构和综合研究中心，新时期党中央对其定位是马克思主义的坚强阵地、党中央国务院重要的思想库和智囊团、中国哲学社会科学研究的最高殿堂。使命召唤担当，方向引领未来。建校以来，中国社会科学院大学聚焦“为党育人、为国育才”这一党之大计、国之大计，坚持党对高校的全面领导，坚持社会主义办学方向，坚持扎根中国大地办大学，依托社科院强大的学科优势和学术队伍优势，以大院制改革为抓手，实施研究所全面支持大学建设发展的融合战略，优进优出、一池活水，优势互补、使命共担，形成中国社会科学院办学优势与特色。学校始终把立德树人作为立身之本，把思想政治工作摆在突出位置，坚持科教融合、强化内涵发展，在人才培养、科学研究、社会服务、文化传承创新、国际交流合作等方面不断开拓创新，为争创“双一流”大学打下坚实基础，积淀了先进的发展经验，呈现出蓬勃的发展态势，成就了今天享誉国内的“社科大”品牌。“中国社会科学院大学文库”就是学校倾力打造的学术品牌，如果将学校之前的学术研究、学术出版比作一道道清澈的溪流，“中国社会科学院大学文库”的推出可谓厚积薄发、百川归海，恰逢其时、意义深远。为其作序，我深感荣幸和骄傲。

高校处于科技第一生产力、人才第一资源、创新第一动力的结合点，是新时代繁荣发展哲学社会科学，建设中国特色哲学社会科学创新体系的重要组成部分。我校建校基础中国社会科学院研究生院是我国第一所人文社会科学研究生院，是我国最高层次的哲学社会科学人才培养基地。周扬、温济泽、胡绳、江流、浦山、方克立、李铁映等一大批曾经在研究生院任职任教的名家大师，坚持运用马克思主义开展哲学社会科学的教学与研究，产出了一大批对文化积累和学科建设具有重大意义、在国内外产生重大影响、能够代表国家水准的重大研究成果，培养了一大批政治可靠、作风过硬、理论深厚、学术精湛的哲学社会科学高端人才，为我国哲学社会科学发展进行了开拓性努力。秉承这一传统，依托中国社会科学院哲学社会科学人才资源丰富、学科门类齐全、基础研究优势明显、国际学术交流活跃的优势，我校把积极推进哲学社会科学基础理论研究和创新，努力建设既体现时代精神又具有鲜明中国特色的哲学社会科学学科体系、学术体系、话语体系作为矢志不渝的追求和义不容辞的责任。以“双一流”和“新文科”建设为抓手，启动实施重大学术创新平台支持计划、创新研究项目支持计划、教育管理科学研究支持计划、科研奖励支持计划等一系列教学科研战略支持计划，全力抓好“大平台、大团队、大项目、大成果”等“四大”建设，坚持正确的政治方向、学术导向和价值取向，把政治要求、意识形态纪律作为首要标准，贯穿选题设计、科研立项、项目研究、成果运用全过程，以高度的文化自觉和坚定的文化自信，围绕重大理论和实践问题展开深入研究，不断推进知识创新、理论创新、方法创新，不断推出有思想含量、理论分量和话语质量的学术、教材和思政研究成果。

“中国社会科学院大学文库”正是对这种历史底蕴和学术精神的传承与发展，更是新时代我校“双一流”建设、科学研究、教育教学改革和思政工作创新发展的集中展示与推介，是学校打造学术精品，彰显中国气派的生动实践。

“中国社会科学院大学文库”按照成果性质分为“学术研究系列”“教材系列”和“思政研究系列”三大系列，并在此分类下根据学科建设和人才培养的需求建立相应的引导主题。“学术研究系列”旨在以理论研究创新为基础，在学术命题、学术思想、学术观点、学术话语上聚焦聚力，注重高原上起高峰，推出集大成的引领性、时代性和原创性的高层次成果。“教材系列”旨在服务国家教材建设重大战略，推出适应中国特色社会主义发展要求，立足学术和教学前沿，体现社科院和社科大优势与特色，辐射本硕博各个层次，涵盖纸质和数字化等多种载体的系列课程教材。“思政研究系列”旨在聚焦重大理论问题、工作探索、实践经验等领域，推出一批思想政治教育领域具有影响力的理论和实践研究成果。文库将借助与中国社会科学出版社的战略合作，加大高层次成果的产出与传播。既突出学术研究的理论性、学术性和创新性，推出新时代哲学社会科学研究、教材编写和思政研究的最新理论成果；又注重引导围绕国家重大战略需求开展前瞻性、针对性、储备性政策研究，推出既通“天线”、又接“地气”，能有效发挥思想库、智囊团作用的智库研究成果。文库坚持“方向性、开放式、高水平”的建设理念，以马克思主义为领航，严把学术出版的政治方向关、价值取向关与学术安全关、学术质量关。入选文库的作者，既有德高望重的学部委员、著名学者，又有成果丰硕、担当中坚的学术带头人，更有崭露头角的“青椒”新秀；既以我校专职教师为主体，也包括受聘学校特聘教授、岗位教师的社科院研究人员。我们力争通过文库的分批、分类持续推出，打通全方位、全领域、全要素的高水平哲学社会科学创新成果的转化与输出渠道，集中展示、持续推广、广泛传播学校科学研究、教材建设和思政工作创新发展的最新成果与精品力作，力争高原之上起高峰，以高水平的科研成果支撑高质量人才培养，服务新时代中国特色哲学社会科学“三大体系”建设。

历史表明，社会大变革的时代，一定是哲学社会科学大发展的时代。当代中国正经历着我国历史上最为广泛而深刻的社会变革，也正在进行着人类历史上最为宏大而独特的实践创新。这种前无古人的伟大实践，必将给理论创造、学术繁荣提供强大动力和广阔空间。我们深知，科学研究是永无止境的事业，学科建设与发展、理论探索和创新、人才培养及教育绝非朝夕之事，需要在接续奋斗中担当新作为、创造新辉煌。未来已来，将至已至。我校将以“中国社会科学院大学文库”建设为契机，充分发挥中国特色社会主义教育的育人优势，实施以育人育才为中心的哲学社会科学教学与研究整体发展战略，传承中国社会科学院深厚的哲学社会科学研究底蕴和40多年的研究生高端人才培养经验，秉承“笃学慎思明辨尚行”的校训精神，积极推动社科大教育与社科院科研深度融合，坚持以马克思主义为指导，坚持把论文写在大地上，坚持不忘本来、吸收外来、面向未来，深入研究和回答新时代面临的重大理论问题、重大现实问题和重大实践问题，立志做大学问、做真学问，以清醒的理论自觉、坚定的学术自信、科学的思维方法，积极为党和人民述学立论、育人育才，致力于产出高显示度、集大成的引领性、标志性原创成果，倾心于培养又红又专、德才兼备、全面发展的哲学社会科学高精尖人才，自觉担负起历史赋予的光荣使命，为推进新时代哲学社会科学教学与研究，创新中国特色、中国风骨、中国气派的哲学社会科学学科体系、学术体系、话语体系贡献社科大的一份力量。

（张政文　中国社会科学院大学党委常务副书记、校长，中国社会科学院研究生院副院长、教授、博士生导师）

# 数字媒体前沿译丛序言

对于我国传播学来说，今年有着特殊的意义。因为就在整整四十年前的 1982 年 11 月，中国社会科学院新闻研究所在北京召开了第一次西方传播学座谈会，这次会议后来被学界称为“第一次全国传播学研讨会”。与会者讨论并确立了中国传播学发展的“十六字方针”，即“系统了解，分析研究，批判吸收，自主创造”，既体现出中国传播学建设亟须的改革开放、兼容并包的胸怀，也表现出中国传播学领域的专家学者对学科本土化的强烈学术自觉和学术自主。1983 年 9 月，由中国社会科学院新闻研究所世界新闻研究室的研究人员执笔并最终收录十三篇介绍性文章的论文集出版，名为《传播学（简介）》，这是第一本在中国大陆出版的比较正式的传播学著作。1984 年，施拉姆与波特合著的《传播学概论》由新华出版社出版。自此之后，我国就不断涌现出传播学译著和本土著作。1999 年，北京广播学院院长刘继南教授牵头，我主要负责组织校内外学者翻译了一系列国外传播学著作，并以“高校经典教材译丛 · 传播学”为名，由华夏出版社出版。这套丛书成为大陆第一套成系列的传播学译丛。此后，不少高校和出版社也纷纷推出了各种译丛。

如今，传播学在世界主要国家的学科体系中都在不断地蓬勃发展，学者队伍日益壮大。尽管在世纪之交曾经有过传播学学科合法性的争论与讨论，但随着数字技术对人类社会各个领域的影响，数字媒体与传播渗透到人类社会的各个环节和流程。特别这十年来变化更大，传播活动日益交融、传播媒体与平台日益融合、传播主体日益多元化等，使得传播学的研究对象进一步复杂化，研究问题进一步多样化，研究方法进一步融合化，学科更加交叉与融合，因此，学科的边界也日益扩展。

近些年，全球传播学者对全球传播文化变迁、大数据人机交融新生态、全球媒介跨域传播新挑战和媒介资本运作新特点及其影响等全面展开研究，百花齐放，成果斐然。尤其是在国外，在短短二十多年间，有关数字化传播的研究风生水起，出版物汗牛充栋，无论是从传统的传播学理论视角，还是从新技术带来的技术革命视角，抑或哲学、政治学、社会学、历史学、经济学甚至计算机技术、大数据研究等学科的最新介入，都令人叹为观止，深感中国跻身其中的世界之日益复杂，同时五彩纷呈。

鉴于此，当我于2021年底调入中国社会科学院新闻与传播研究所担任所长并兼任中国社会科学院大学新闻传播学院院长之后，得知中国社会科学院大学新闻传播学院已经组织本学院现有科研骨干力量，正在开展这样一个国外著作翻译系列出版工作的时候，我认为他们在做一项很有意义的工作。学科建设从来都不是闭门造车可以完成的，学科发展与壮大更不可能是自话自说、自娱自乐可以成就的。在百年未有之大变局的关键时期，如何审视全球新地缘政治和国际传播格局中的中国并建构起我们自己新的本土化传播学自主知识体系至关重要；在争夺国际传播话语权的时候既能够与如今处于话语权顶端的欧美等发达国家顺利沟通，又能够传达出中国的真实故事和声音，更是当务之急，这些都需要我们首先了解和掌握全球数字媒体与传播的更多特点、发展轨迹及规律。

看到中国社会科学院大学新闻传播学院的同仁在精挑细选的基础上，在数字媒体研究领域努力挖掘、广泛寻找，将国外有关数字媒体研究的最新成果进行专业的翻译并形成系列出版，将前沿新奇和有趣的思想与学术方法一一奉上，以飨新闻传播学术界和业界的同仁，我感到相当欣慰，并认为这是一个很有意义的专业化尝试。在翻译国外专业著作的工作中，新闻传播学院这支新闻传播学团队以其专业性理解和词语使用使译作更为恰当准确，能够为我们未来的相关研究和实践提供更丰富、更广泛、更深入、更实用的思路。

这个系列是个不小的工程，入选著作既包含数字游戏世界里的传播效果和影响研究，也有模因和数字文化关系的研究；既涉及新时代媒介跨国界协同管制的诸多问题，也有对进入21世纪以来由社交媒体主宰的新兴文化现象的思考；既有新闻在融媒体大数据时代下新生态的专业索引和诘问，也有对未来一代青少年全球文化和新媒介关系的讨论；既有媒介叙事理论在今天社交媒体、新媒体已经占据主流的时代的适应性问题，也有大数据时代名人粉丝流量和新闻传播的关系聚焦；等等。作者大多是著名大学、研究机构的著名学者，他们多年在其研究领域深耕，其著作具有较高的学术价值。著作内容丰富、形式多样。对于丛书译者而言，他们的遴选和翻译工作表现出了他们高屋建瓴的学术视野和专业素质。

风物长宜放眼量，越是需要本土化的自主知识体系建设，越需要一种国际化的考量。特别是在全球化时代，世界地缘政治变迁，世界地缘学术也在变化。中国的学术要有自信但不自负，需要进一步放大自己的声音，争取国际传播话语权，同时也需要多吸取来自国外的养分。这是一套高质量、高水准的有关数字媒体的翻译系列，在此隆重推荐，希望能给不同的读者带来不同的收获。

中国社会科学院新闻与传播研究所所长

中国社会科学院大学新闻传播学院院长

胡正荣

2022年8月16日

# 译者序

首先需要了解的是，本书的作者奥地利学者布拉德利·维金斯多年来长期关注数字文化和模因及它们与社交媒体的关系。之所以在这里强调其身份和研究领域，是因为在阅读本书的过程中，我们会时不时感受到一种扑面而来的欧洲传播学批判理论的气息，尽管这一批判理论的气息已经被作者因为追求“客观性”而有意无意地淡化了许多。

本书的学术范畴隶属于一度兴盛后来又衰落了的模因学，但是或许是因为模因学的式微，作者在一开始就声明，更应该把本书看作一本有关意识形态实践的书。实际上，模因在当代世界已经越来越常见，尤其是在社交媒体传播日益短平快的今天，使用模因来表达无法表达的言外之意（在本书中对此的分析方法也被理论化地翻译为“省略推理法”），尤其是基于视觉图像的网络模因，已经成为很多人的日常行为方式之一。所以，尽管模因学出于种种原因在西方社会逐渐式微，但是它的研究价值并未降低，反而，通过阅读本书，我们看到了有关网络模因研究的无穷潜力，因为我们周围的世界正在急剧变化，如何认识并深入理解和解读当今网络模因引发的各种传播现象，显得日益重要。

在数字化时代，网络模因作为一种新兴的数字文化现象，展示了其强大的话语力量，这种话语力量通过模因作为一种符号的形成、改变和阐释，以及其中内容的互文引用、隐喻的借用、结构的嵌入和立场的表达等，表现出一种新型意识形态实践的诸多特征。根据结构主义的观点，符号尤其是语言符号和图像符号，往往是传达意义的载体，并且在其产生之初就已经结构化了。在一个结构化了的符号系统中，任何意义的表达都无法完全脱离其原有的系统而自成一体，因此所有与符号有关的创意，或许都离不开意识形态的实践。在本书中，作者着重关注的是网络模因和意识形态实践的关系，正如本书书名所言，是关于模因话语权力的问题。由于话语权力的分析是一个比较复杂的过程，牵涉到对文化、符号、互文性和意识形态实践等概念的理解，所以作者在前三章对于自己在理论上的思考和理论研究模型进行了比较深入的解读。理解了这三章的内容，阅读后面五章就比较轻松了，因为后面五章基本都是作者围绕诸多案例，对网络模因在文化、经济和政治中的应用和批判作用进行的深刻剖析，他强调的是网络模因在意识形态、符号学和互文性方面的意义生成过程。通过分析模因的快速生产和传播，揭示了网络模因在数字传播中的重要性。所以，作为译者，这里将对前三章的内容进行重点介绍，至于后面五章以案例分析为主的内容则只进行简要概括和梳理。

综观全书，作者的观点显而易见，那就是无论模因有着怎样的前世今生，无论其表面上是戏谑、幽默还是讽刺，实质都具有意识形态建构作用，而且，在当今后现代主义已然被解构的时代，在网络模因的快速传播过程中，即使其生成的初衷是对抗主流意识形态，尽管表面上看它在网络技术和数字传播的加持下似乎解构了主流意识形态，但是最终难免陷入另一种意识形态建构的窠臼。因为模因这一概念，从其产生开始，就是一种文化的表意单元，本身就蕴含着从模仿到再创作或曰再创混编的过程，这一再创混编的过程被作者作为贯穿全书的重点进行了观照，即模因来自基因，更多时候只是符号的模仿，并不牵涉符号的改变甚至符号的再创作，但是，当数字时代来临，由于模因在传播过程中发生了一系列符号性的改变，而且这一改变是通过一系列带有结构化特征的再创混编完成的，所以模因这一概念就进化成了网络模因，其中内含的意义及其解读方式也随之发生了变化。因此在有关模因的分析中，“省略推理法”的修辞方式更加适用，有助于人们接受并解读网络模因的“言外之意”。另外作者强调，之所以要使用吉登斯的结构化理论对网络模因所具备的再创混编的特质进行分析，是因为所有的再创混编都是互文性的，而互文性往往发生在结构之内，并不能真正“脱域”。因为无论是文字符号还是图像符号，本身都不可能脱离符号系统或者说已经结构化的语言及符号体系而存在，显然本书的前半部分使用了结构主义的传统观点。但是在后半部分，通过对希夫曼的模因维度类型学的扩展，作者指出，与历史上的达达主义和超现实主义相比，由于立场已经存在于结构中，网络模因的类型尽管具有艺术色彩，充满了创意的加持，但最终还是如同达达主义一样，从批判意识形态出发，落入了另一种代表着荒诞和黑色幽默以及虚无意识形态建构的陷阱。

希夫曼是耶路撒冷希伯来大学传播与新闻学系的教授，她在研究网络模因的数字文化特点的过程中，提出了模因维度类型学的理论模型，并界定了网络模因相对媒介病毒而言不同的属性，指出网络模因不同于以往所有具有病毒式传播特质的媒介的最大特点就是出现了再创混编。作者围绕网络模因的这一属性，追溯了模因的起源和各种理论，确立了网络模因作为数字文化人工产物的地位，对其文化上具有的意义建构和再建构的特点以及作为符号的互文性进行了分析，认为在希夫曼的模因维度类型学模型基础上，可以通过进一步扩展使用其模型，将网络模因置于一个具有立场、内容可随语境变化而充满激情和创意、内容因情境变化而与立场相融合的分析模型中展开分析，而这将有助于我们深入地理解网络模因的意识形态建构功能。

在前言和第 1 章中，作者在揭示网络模因作为数字文化中重要话语单元的变迁之后，试图进一步剖析其多重功能和深远影响，尤其是对基于图像或者视觉的模因而言。因此，作者以庞贝城的受害者模因为例，将庞贝城受害者不同面向的象征意义与符号和互文性结合起来，指出了其中意识形态建构的路径，阐明在社交媒体时代，所有社交媒体的用户实际上已经不知不觉参与了让两千年前的受害者“复活”然后又将其“杀死”的过程，而在此过程中，用户往往受到数字技术和既定预期话语发展指向的制约，不得不接受已经预定的结果。这一结果显然与数字文化中模因的话语权力密切相关。

因此接下来，本书的第 2 章围绕数字文化时代模因的话语权力展开。由于模因的话语权力牵涉到符号学、互文性、文化等概念，所以界定这些概念并在此基础上阐释网络模因与意识形态实践的关系成为这一章的主旨。作者首先指出，按照数字文化研究者詹金斯的观点，数字文化最大的特点是参与性，而“文化”一词的根源，需要回溯到威廉斯有关的文化理论，以便我们能够重新回忆起文化研究中最重要的观点之一，即技术已经赋能文化，并重新塑造着我们的世界。在此基础上，数字文化的参与者——人类浮出水面，并以递归、回应等方式在数字空间表达自己，通过话语使文化具象化，在其特有的结构之内发展出了既具有创造性又具有限制性的权力。这种话语权力的界定显然又一次回归了结构主义理论，但是在对网络模因话语权力的分析中，结构主义被福柯、马尔库塞等人的理论进一步发展了，他们认为，意义是人类社会主体性的创造并通过协商达成，话语不仅受到语言和符号的限制，更受到资本主义消费属性的驱动。因此，话语权力往往意味着话语必须符合占据资本主义社会统治地位群体的特定表达规约，模因的话语权力则意味着数字文化的话语权力，而数字文化中的意识形态作为“一个特定人群的表意系统”（第 34 页），其背后的系统主体是什么值得探究。就“意识形态”一词的来源而言，古典马克思主义已经说得十分清楚，作者在此基础上延伸指出，今天的社会精英“从隐藏现实的真实本质中获益”（第 35 页），这进一步表明了古典马克思主义对于意识形态这一概念阐释之精辟。意识形态在文化研究学者斯道雷和霍尔的分析中，意味着“为了让人们看到你想让他们看到的世界，他们必须默认你的表述”（第 35 页），意味着“使部分和特殊的事物具有普适性和合法性”（第 36 页）。另外，法国哲学家罗兰·巴特特别强调文本与图像关系隐喻的力量，他认为，神话等同于意识形态。本书作者之所以在

第2章主要关于概念的内容中用罗兰·巴特的观点来解读意识形态，是为第8章探讨艺术与模因的关系奠定基础。

另外，第2章有关意识形态的探讨还涉及拉康、齐泽克、阿尔都塞、伊格尔顿等欧洲批判理论大本营中几位哲学家的观点和分析，集中说明了主体在与社会的互动过程中，往往被困在意识形态的轨道上而难以脱离，资本主义拜物教对主体的侵蚀是一个复杂而长期的过程，它势必会加强网络模因在意识形态实践过程中的复杂性，从哲学思考的视角为后面章节对有关数字时代意识形态构建的深入阐述奠定了基础。

鉴于西方社会意识形态的建构并非直接而显著，而是通过话语结构及其内在的制约力量产生作用，在话语结构中表达意义的符号以及通过符号交换意义的互文性和它们与网络模因之间的关系，牵涉到的还是模因在数字文化中的话语权力的问题。也就是说，作为主体的个人在其融入社会的过程中，因为拥有对符号的选择和互文性引用等机会，在他们使用和再创混编网络模因的过程中，在结构的作用下，意识形态通过递归的方式被建构了。这种意识形态实践意味着所有文本和视觉图像都有可能是互文的，因此就又一次回到了结构中，引领我们进入第3章，探讨作为类型的模因。

第3章以法国艺术家约瑟夫·迪克勒于1793年创作的自画像开始。这幅年代久远的画作，在2009年被改编成了一个图像宏模因，然后又被改编使用，形成了迪克勒模因的一种类型，使得网络用户只要想起来，或许都可以用它来进行进一步改编，以表达不同语境下的不同含义。由此可见，类型从视觉图像改变的角度而言也的确可以理解为流派，其英文“genre”一词既有类型也有流派的语义，本书之所以译为“类型”，是因为更多时候根据上下文的需要，使用“类型”一词更有助于理解全章论证的内容。

网络模因是人为创造和再创混编的，所以它作为一种人工产物，具有虚拟的物质性，并载有社会和文化信息，是被有意识地制造和使用的。这说明它作为一种类型，已然包含一种规范、特定意义表达的公式等，所以在有关它的生产和制作过程中，主体与社会所遵循的规则都已经嵌入结构中。吉登斯的结构化理论及其有关语言的界定，对网络模因作为一种类型是如何形成的，以及又是如何建构意义并促进自身意识形态实践的，做了一个非常有用的注解。吉登斯认为，人类社会从历史的经验中习得了某种“记忆痕迹”，这种“记忆痕迹”已经嵌入社会系统的毛细血管之中，决定着个体与社会之间互动过程中的规则、资源、任务、标准等。当网络模因的使用主体互动的时候，他们会与社会资源之间按照特定的规则形成一种递归创作的关系，这种关系正是吉登斯一直以来探讨的行为主体与结构的互动关系。由于这种关系是二元性的，是相互作用的，因此网络模因的创作主体可以创造一个新的模因，然后迭代，继而在互相预期的作用下进一步迭代，循环往复，并且跨越媒介广泛传播，而在这一过程中，是有类型的规则约束的。当类型的规则不能约束它的创作的时候，原有的类型就被瓦解并产生新的类型。也就是说，只有当数字时代的主体成员遵循类型内在的递归式规律，将可传播媒介转化为新兴模因，并进一步迭代和再创混编之后，新兴模因才转化为模因，并彰显出网络模因的类型。

比如“心不在焉的男友”和“世界上最有趣的人”两个模因都具有可传播媒介的属性。但是在未被再创混编并大规模流行成为“梗”之前，它们只能是可传播媒介或者新兴模因。当它们被大规模再创混编并迭代传播之后，其作为类型的网络模因属性就凸显出来，同类型的网络模因网站甚至软件因此被创造出来，使得其意识形态实践的内涵进一步丰富。比如“古典艺术模因”页面上对梵高等人画作的再创混编及迭代，最终指向了对美军在中东进行战略部署意在石油的隐含批评。

从这里开始，全书的意图逐渐明朗，即其将围绕含有政治经济文化批评意义的网络模因展开分析，也只有对这一类网络模因展开分析，其关注的焦点——网络模因的意识形态实践才可能得以阐释。

第 4 章关注的是政治模因及相关案例。在分析西班牙加泰罗尼亚的独立运动案例之前，作者对意识形态中的技术赋权和国际学术界有关政治模因的研究进行了简短阐述，指出不仅更多原本不具有话语权力的民众通过技术赋权拥有了更多的表达空间，政府和相关政治团体以及各种政治组织也具有了更多直接发布信息影响舆论的空间，其中奥巴马的“小丑”模因和特朗普蝙蝠侠模因的意义变迁及其言外之意充分揭示出网络模因具有的政治影响力，以及其在美国大选过程中作为不同政治派别的工具所表现出的丰富的象征意义和功能。

对于加泰罗尼亚独立运动原领导人普伊格德蒙特的脸谱模因被恶搞，作者认为，由于欧洲议会和整个西方社会普遍倾向于认为它属于西班牙的内政，这一模因的一系列迭代反映出明显的意识形态实践特质。人们使用模因普遍表达的嘲讽和疏离，延伸出他们对欧洲议会对待不同独立运动双重标准的嘲弄态度：第一，在这一运动中，领导人的能力堪忧，使得这场运动像是一个笑话；第二，和 2008 年科索沃宣布独立比较，欧洲议会的说辞前后矛盾，反映出政治的不确定和令人沮丧。因此这一政治模因的案例分析，传达出的是作者对“传播帝国主义”的批判态度。在这一批判的基础上，作者进一步通过一个虚构的国家“塔巴尼亚”，对拟态幻境提出了批判。他借用齐泽克的观点，“当身处意识形态之中时，我们面对的困境之悲剧性在于，我们以为自己逃离了意识形态，进入了自己的梦境，却不知此时恰恰处于意识形态之中”（第 87 页）。

第 5 章集中对网络模因在经济领域或者说商业驱动的市场中进行意识形态实践的案例进行研究。鉴于本章内容比较浅显易懂，在此不再赘述。需要强调的是，本章有关网络模因在传播过程中是商业性言论还是传播性言论的法律边界讨论，截至目前依旧在欧美引发广泛关注。因为网络模因的再创混编在法律层面牵涉面甚广，既牵涉到知识产权即版权的保护，也牵涉到商业领域利用网络模因的道德边界，以及西方国家争论不休的言论自由的尺度等问题。作者在这里涉及的案例不仅与法律有关，也和打意识形态擦边球的行为有关，其中或有意或无意的符号和互文性引用及其牵涉到的意识的包装等问题，不仅考验法官的智慧，更对参与网络模因生产和传播的个体提出了诘问。

第 6 章提出了网络模因生产者和传播者，及其受众多重身份的问题。作者不仅使用了受众的使用与满足理论，还再一次引入了霍尔的编码解码理论，以说明在数字文化系统中，网络模因受众的多重身份和复杂性。相对广播电视时代的受众而言，网络模因的受众不再只是被动接收信息的受众，他们更多时候变成网络模因的迭代创作者和传播者，之前的传—受模式已经被颠覆。因此当我们以模因为中心理解受众时，“想象中的受众”一词似乎更为贴切，因为在这里受众显然是虚拟存在的，但是随时可能在在线互动中完成身份和意义建构。第 6 章的两个案例分别是 2018 年 G7 峰会领导人的图片模因和“白人女性报警”模因。这两个模因说明了网络模因在不同的语境下所呈现的不同意义，以及人们在多大程度上成为事件本身的参与者。由此我们看到，网络模因的受众随着事件的发展，或许其身份已经不再是受众，而成了事件的参与者或者推动者，这使得网络模因带来的意识形态实践呈现出一种非常值得怀疑的特质，即虚拟的呐喊和现实中的主体或许是割裂的，但是它造就的喧哗引人注目，尽管这种喧哗已经表现出一种认知的极化和不同背景下的群体对立。

第 7 章重点关注两个案例，第一个是由性少数群体建构的巴巴杜模因，第二个是帕克兰校园枪击案事件中出现的“为我们的生命游行”模因。巴巴杜逐渐成为一种象征，其改变过程彰显了身份政治本身作为一种意识形态的复杂性。“正是通过文本、语言、视觉等因素的交流，身份认同得到了协商。然而，个人的意识形态实践不可避免地制约和 / 或解构着各种可能的身份。”（第 131 页）作者显然在这里沿袭了批判性文化理论的思路。身份通过网络模因的传播得以建构，这正是意识形态实践的绝佳案例。在人们谈论个体区别于“他者”的属性之前，身份原本是被忽略的，这属于个性觉醒的范畴。在人类的话语实践中，身份通过语言得以建构，而语言的结构性特质决定了个体在其成长过程中会“扮演”符合其话语限定的角色，并进一步强化该角色的限定。网络模因在身份建构的过程中也具有同样的作用。尽管性少数群体在网络模因的作用下聚合并互相识别，将其原本并不彰显的身份在巴巴杜模因作为符号和象征的号召下通过共鸣确定下来，并努力维护一种稳定性。“这意味着：‘我们必然会选择群体的一个属性——无论是已知的还是假定的属性——然后通过选择代理将其附加到对该群体的认识上。’通过这种方式，网络模因可以利用强烈的情感（如恐惧和仇恨）共鸣来强化身份认同。”（第 143 页）

第 7 章另一个案例即由“帕克兰校园枪击案”演绎出来的“用我们的生命游行”模因是极端化意识形态实践的最佳案例。这一案例和巴巴杜模因一样，在用模因表达和建构意义的同时，也在模因本身就具备娱乐化的作用下，充斥着兜售虚假意识的嫌疑。

第 8 章是本书的最后一章，探讨网络模因与艺术流派达达主义和超现实主义的相似之处，以及基于图像的网络模因的符号学与达达主义的关联。达达主义和超现实主义的创作主题主要围绕一种荒诞、虚无和幻灭的社会情绪展开，作为后现代的艺术流派，它们所表现出来的特征与网络模因传播过程中的一种无奈非常类似，即“世界都这样了，至少我们还能玩玩模因”。[①] 行文至此，全书的主旨越来越清晰，即基于视觉图像的网络模因的创作往往也可以说是一种艺术形式，与达达主义和超现实主义一样，它们更加侧重对社会的批判，偶尔也带有情绪宣泄的特征。作为案例的视频模因“美国第一，荷兰第二”的创作和再创混编过程，无论在形式上还是内容演变上，都与达达主义的黑色幽默和疏离的讽刺一脉相承，不同的

① 此句话原意来自达达主义的一个观点，即“世界已经如此糟糕，而我们至少还有艺术”。

是，它有更多的创作者参与，传播速度更快，在某种程度上具备了更大的话语权力，因而更有可能引发社会动荡。而且，达达主义具有一种从“现成品”中取材进行创作的特质，相对应地，网络模因的发轫则是通过互文性开始创作的，尽管互文的基础是模因本身。这里的互文性即为进行二次以至于无数次创作的再创混编，其言外之意往往与达达主义和超现实主义背后的动机有相同之处。所以，作者进而对网络模因的“新达达主义符号学”进行探讨，他认为在这一符号学所限定的结构之中，“人们需要诉诸黑色幽默并强调荒谬，以适应幻象的破灭和/或无法接受的现代社会的现状”。（第 166 页）通过分析大量的热门模因例子，作者指出：现实的荒诞是网络模因滋生的温床，无论是人们利用模因对特朗普毫无遮拦随口所说的言论的调侃、美国大选过程中左右派别对立过程中模因的喧嚣，还是“肯德尔·詹娜，百事可乐”的广告模因，都具有符号学上“歧义挪用”的特点。这是当代社会陷入过度模因化的一种拟态幻境的表征，而作者在阐释并扩展使用希夫曼模因维度类型学的过程中加入更多自己的方法，最终只是想说明过度模因化的趋势意味着人们的大量注意力花在制作、策划和使用模因及其信息上，这造成了一种虚拟现实的膨胀，对于真实的现实或许毫无意义。

本书的后记强调了作者关于模因在意识形态建构中的重要性，同时提醒读者，在其论述意识形态实践的时候，或许也包含了一种意识形态建构的行为。的确，意识形态无所不在，只要人们使用符号表达意义，只要他们试图表达思想和传播意义。

李书藏

2024 年 8 月于北京房山良乡大学城

# 目　录

# 前　言

在本书伊始，我们首先需要声明：这其实不是一本关于模因的书。

嗯——或者说：它是，但它也不是。

应该说：这是一本关于意识形态的书，或者更准确地说，是关于我所言之“意识形态实践”的书。

我的中心论点是，网络模因是数字文化的话语单元，这些话语单元表明了一种“意识形态实践”。具体而言，我主要指的是在某种形式或者某种程度上具有批判意识的网络模因——无论是对政客或者名流的批判，还是对社会、文化或经济等问题的批判。意识形态的“实践”是在网络模因作为话语单元的建构过程中发生的，也是在这个话语框架内才能被理解和发展。在网络模因的建构过程中，视频和非视频网络模因之间存在差异。我把分析的重点放在基于图像的网络模因上，因为它们可以说是网络模因所有子类型中最普遍的，也许也是最具可塑性的。当然，视频模因（以及GIFs动图等形式）也包含“意识形态实践”的特征，在本书后续的阐释中，我们将引入符号学和互文性视角的分析，符号学和互文性对意识形态实践的作用以及作用的程度是受到人类言语（human speech）存在的限制的。由于人类言语的存在，对这些模因的分析最好遵循希夫曼（Shifman，2013）基于内容、形式和立场的模因类型学[①]，其中“立场”主要涉及模因

① 模因类型学由利马·希夫曼（Limor Shifman）提出，也称模因维度类型学，用于对网络模因的分类和分析。她定义了网络模因的三个核心维度：内容、形式和立场。她认为，与其将模因看作单一、孤立的文化单位，不如将其视为一组相互关联且具有共同特征的内容。这种观点强调了模因之间的互动性和集体性，即它们是在创作者之间共有的相互认知和文化背景下产生的。这一类型学可以帮助研究者理解和解释模因如何在不同文化中传播，并探讨它们的社会和文化意义。——译者注

被传播时的语气和风格，还有雅各布森（Jakobson，1960）所指人类言语六种功能中的“交际功能”。就基于图像的模因而言，言语的缺失意味着视觉—语言模式[①]的放大。由此可见，在基于图像的模因中，符号学和互文性在意义建构中的作用得到了提升。我调整了希夫曼的类型学，并将其重塑为对基于图像的模因分析模型，但是这一分析的前提是假设意义是建构的、受众是能够理解信息的等。我用了整整一章的篇幅来探讨受众对模因的看法，但是就本书介绍的目的而言，虽然某些模因事实上有“受众”（无论是真实的还是想象的），我这里所言的绝大多数批判性的模因都是具有受众指向性的，至少针对两个群体：一个群体定位于“理解这个笑话”，另一个群体可能是笑话所针对的目标。在网络模因中，符号学，或更广泛地说，有关意义制造的研究（或如何利用寓言、类比、断代、并置、隐喻、转喻、恶搞、模仿、意义、仿真、象征、提喻等来表达现实的意义）是其中需要理解的重要部分，尤其是考虑到数字文化的快速消费以及其断章取义的表达和分享已然成为一种趋势。符号学与互文性的关系，或通过恶搞、文献引用、再创混编等将一个文本与另一个文本链接起来的关系，经常是重叠的，尤其是在理解意义是如何建构的以及建构出于何种目的方面。最后，意识形态实践作为符号学和互文性有所重叠时选择的契合点，是在特定网络模因建构并进一步传播的设定场域形成的。这并不是说我们需要关注特定模因的“作者”，并确定他们的身份，以便赋予意识形态意义；相反，正是在网络模因的分享、数据处理和再创混编等过程中，意识形态“实践”才得以发生。在数字文化中，网络模因是网络传播的一种类型。此外，模因也是数字文化的象征，它们的生产、应用和传播涉及社会系统中的一种主体能动性，这可以通过进一步回溯吉登斯（Giddens）一

---

① 此处的言语即 speech，着重指口语传播形式；视觉—语言模式则指涉符号，即落在纸张等载体上的文字、图像等视觉符号。当口语传播不能表达足够丰富的意义时，文字、图像等符号表达的意义就会对其进行补充甚至延伸。——译者注

以贯之的理论中“结构化”的概念得以明晰。网络模因既涉及现实世界的事件或问题，也意味着一种“媒体叙事”[①]，我将在第 6 章“受众”对此进行更详细的阐述。在最后一章，我再一次认定网络模因——尤其是那些包含批判信息的模因（尽管这通常也是通过幽默的表达方式来实现的）——是一种新的艺术表达形式，这在概念上可以追溯到达达主义、超现实主义和其他相关的艺术形式。

① 此处的“媒体叙事”是一种媒体理论概念，指模因不仅是人们对现实世界具体存在事件、人物等的表述，更是媒体塑造和传播甚至是有意宣传的，即叙事框架的一种。——译者注

# 第 1 章　重访道金斯

## ——“模因”一词的简史及功能

分析“模因”（meme）一词的历史演变过程会发现，这一概念自提出以来就发生了变化。我所说的“变化”，强调的是“模因”作为一个概念因人类与互联网的互动而发生的变化。在探讨理查德·道金斯（Richard Dawkins）的模因与其数字化对应物“网络模因”之间的相似性和重要差异之前，我们最好先从总体上回顾一下一般意义上“模因”一词的演变过程，并对其自诞生以来的发展简史略作描述。

演化生物学家理查德·道金斯在《自私的基因》（*The Selfish Gene*）一书中引入了“模因”一词，并打算将模因用来回应基因中心进化论的主要观点。道金斯使用新词的动机源于“我们需要为一个新复制的基因起一个名字，一个传达文化传播思想的名词，或一个‘*模仿*’单位”（Dawkins，1989，p.182，原文中为斜体）。从表面上看，这是因为需要将文化和社会中基因传播之间的假定关系概念化和语言化，奇怪的是，道金斯在试图创造一个新词时引用了希腊语 μίμημα（“mīmēma”），意为“被模仿的东西”。道金斯认为，像“meme”这样的单音节词更好地捕捉到文化与记忆之间的联系。道金斯（Dawkins，1989）明确地写道：

> 正如基因通过精子或卵子从一个身体跳到另一个身体，在基因库中传播自己一样，模因也通过一种广义上可以称为模仿的过程，从一个大脑跳到另一个大脑，在模因库中传播自己。
>
> （p.192）

然而，正是“模仿”这一概念化的用语，对理解道金斯模因和网络模因之间的差异至关重要。不是被“模仿”（mimeme），而是“省略推理法”（enthymeme）[①]更好地捕捉到网络模因作为一种数字现象的本质，其特征不是模仿，而是通过视觉和通常还有言语之间经常的互动来提出或反驳话语论证的能力——这里强调的是那些包含社会和政治批判成分的网络模因。“省略推理法”从正字法和词源学[②]的角度，在概念上指出了模因和网络模因之间的根本差异。亨廷顿（Huntington，2017，p.80）认为，“省略推理法列出了论证的要点，却没有说明论证的结论”。芬尼根（Finnegan，2001，p.143）认为，

> “省略推理法”的论点是基于不需要陈述的前提得出的，“因为听众丰富了它”……省略推理法为听众留下了植入自己知识和经验的空间，它假定听众是一群能够“填补空白”的、具有判断力的人。

同样，史密斯（Smith，2007，p.122）得出结论，“省略推理法”在当代社会的作用并不是作为亚里士多德三段论[③]，而是作为“视觉论证”（visual argument），这种视觉论证

---

① 省略推理法也翻译为省略三段论，是修辞学中的一种逻辑推理方法，它往往在推理或论证过程中省略一个或多个前提，使受众需要基于自己的知识或头脑来填补这些省略的空白，即需要明白“言外之意”。在网络模因的语境中，这通常意味着模因提供的信息不完整，需要受众自行解读图片和文字之间的关系及其“言外之意”。本书后面的论述中提到这一省略推理法的时候多半包含着“言外之意”。——译者注

② 正字法是语言学范畴的一个概念，指单词正确的或公认的书写方式，包括字母的正确顺序。词源学是语言学的分支，研究单词起源和历史发展，以及了解它们的意义和形式如何随时间演变。——译者注

③ “亚里士多德三段论”或简称“三段论”是一种逻辑推理形式，由三个命题组成，包括两个前提和一个结论。如果前提为真，则结论必然为真。它是古典逻辑中非常基础的推理方式。——译者注

> 包含前提和结论，而这些前提和结论仅仅只是具有一定可能性，由此就需要辨别人类互动中常见的差异。这种视觉论证需要主体的判断，因此不仅会引发人们在逻辑上参与探讨的兴趣，还会引起人们在情感上和伦理上参与探讨的兴趣。最终，这种视觉论证的有效性取决于传播者和受众之间达成共识，而这种共识是在受众的背景和文化所形成的共同观点中发现的。

稍后一节将详细阐述道金斯模因与网络模因之间的区别，但从概念上更清晰的是，将模因的词源学起源与其数字化对应物联系起来，可以将它视为起源于“省略推理法”，而不是起源于像 μίμημα（mimeme）那样简单的“模仿”。

回到道金斯描述的模因及其互联网对应物，他将模因设想为一个通过复制自身从而得以生存的文化单元（或观念）。观念（或道金斯所说的模因）本质上是自私和具有传染性的，它们竞相影响个人的思想，将其作为复制的载体。道金斯的“模因”内涵较广，包括口号、流行语、时尚、学习技能，等等。在所有这些道金斯模因的例子中，重点显然是模仿，或者说是模仿的能力。道金斯认为，流行语、流行歌曲和时尚都是通过模仿和复制得以延续的。就像基因一样，模因无处不在，对进化至关重要，道金斯将模因视为基因的隐喻。伯曼（Burman，2012）将进化描述为一种文化现象，而不是一种生物现象，他认为道金斯的目的是“[重新定义]进化生物学中选择的基本单元”（p.77）。对道金斯来说，模因就像基因促进生物进化一样，可作为人类文化进化的催化剂。模因是文化进化的媒介。20 世纪 70 年代，在道金斯进行研究之后的十年里，模因不再仅仅是基因的隐喻，而是和基因成为同义词。霍夫施塔特（Hofstadter，1983，p.18）采用了道金斯的比喻，并将其想象得更真实：

> 模因像基因一样，易于发生变化或扭曲——这相当于突变。各种模因的突变必须在内部彼此竞争，同时也要与其他模因竞争，以获得关注，即在大脑中抢占空间和时间等资源。

此外，霍夫施塔特注意到，在听觉和视觉传播中，模因之间的竞争更加激烈，这表明模因与基因不同，将“争夺人们收听或观看广播和电视的时间、广告牌、报纸和杂志专栏、图书馆的书架”。值得注意的是，这与互联网和人类互动的基础设施密切相关。注意力的吸引（“在大脑中抢占空间和时间等资源”）与我们当代对网络在线交流形式的依赖有关，而无论网络模因本身如何。

1995年，伯曼写道，“模因已经变得活跃而不再是隐喻性的了”（Burman，2012，p.89）。对“模因”的理解已经属于一个既定的显而易见的知识范畴，从而形塑了我们如何认识当前的“网络模因”，以及在其还没有出现的时候如何理解模因。在某种意义上，道金斯的“模因”——这个概念本身就是一种“可传播的思想”——成为道金斯传统中明确定义的一个最好案例，在这一案例中，语言和思想互相“传染”，在个体的头脑和语言中自我复制，其目的只是复制。尽管模因具有与语言学、心理学和哲学紧密捆绑在一起使用的悠久历史，但模因的当代意义大不相同。它现在的意思是描述一种“传播类型”，而不是文化传播的单元。有趣的是，有关模因的学术研究在历史上一直依赖于“流行病学模型”（Weng，Flammini，Vespignani & Menczer，2012，p.6）。因此，这是一个隐喻模型，它将模因概念化地限制在生物学的进化论中。具体来说，从流行病学的角度来看，模因的传播很像疾病的传播。当然，这与道金斯对模因最初的处理方式，以及模因学领域对道金斯新词的回应方式不谋而合。例如，布莱克莫尔（Blackmore，2000）在《模因机器》（*The Meme Machine*）一书中主张建立一门真正的模因学科学，这一切都是对道金斯简单但必要的回应，即为生物基因提供一种文化关联性。同样，在道金斯之后，安杰（Aunger，2002，p.2）扩展了道金斯的生物学关联视角，指出模因代表“一种通过社会传播而变得普遍共享的思想”。基恩（Kien，2013，p.554）提到了安杰（Aunger，2002）对媒体研究人员进行的严厉批评，在安杰看来，媒体研究人员“滥用了这个词，将其简化为纯粹的互联网现象”。安杰刻意强调生物学，而基恩（Kien，2013）和米尔纳（Milner，2012）等研究人员加强了对道金斯和生物学隐喻的依赖，这本来毫无必要，因为这一研究过程并未解释网络模因所带来的相关思想的争议。流行病学方法为模因的数字化理解和使用提供了一种错误类比的思路，它通过将传播的作用力置于模因中而忽视了媒介的作用。

同样，詹金斯（Jenkins，2009，para.18）指出，“模因和‘病毒’媒介的思想，隐藏在吸引人的、朗朗上口的内容中，我们无法抗拒，这对于理解文化实践是有问题的”。詹金斯接着解释了媒介的作用，认为它对于理解文化变迁至关重要，但这一观点存在一种隐含的假设，即“模因”必然是道金斯最初提出这一概念时的含义。虽然詹金斯断言模因不会自我复制是正确的，但在说明个人不易受到“病毒”媒介、模因或其他因素的影响时，这一观点就令人困惑。这一观点源于一种流行病学假设，即模因就像一种媒介病毒一样，会传染人，容易使人们受到影响。这种对道金斯生物学隐喻的依赖也许是偶然的，却使我们没有机会揭示道金斯的原初模因定义不适用于网络模因，因为网络模因具有视觉论证功能，不仅仅是“吸引人的、朗朗上口的内容”。因此更详细地探讨“病毒媒介”和“网络模因”之间的区别非常重要，即使只是为了澄清我坚持将模因视为视觉论证的立场。

## 1.1　模因和病毒媒介

当将网络模因与病毒媒介（或媒介内容，比如文本、图像、标签等在网络空间中大规模传播的能力，通常传播时间相对较短）进行比较时，人们倾向于认为，由于网络模因在生产和传播过程中有主体的深度参与，它们被视为与病毒媒介有质的不同。

通常，这种区别是通过强调变化、模仿、再创混编、修改等方式来解释和被感知的，这显然就是这种区别的源头。例如，许多研究人员可能会引用韩国音乐人朴载相（Psy）的音乐视频《江南 Style》这个例子，自 2012 年 7 月 12 日上传到 YouTube 以来，该视频已被观看超过 30 亿次。在本案例中，有观点认为，观看视频并不能算作修改或再创混编，而是证明了它的“病毒性”。

的确，希夫曼（Shifman，2011）在对一系列 YouTube 视频的分析中，对“病毒性”和她所称的“模因性”进行了细致的区分。她将“病毒性”定义为“*在不做重大改变的情况下*，通过数字口碑机制传播给大众”（Shifman，2011，p. 190，原文为斜体）。对于“模因性”视频，希夫曼断言，其“不同的参与结构”包含了“与‘原始’模因视频相关的两个主要作用机制”，即模仿和再创混编（Shifman，2011，p. 190）。希夫曼将“病毒性”和“模因性”等同于詹金斯的“可传播媒介”一词，但她承认，这个词仍需要进一步明确。然而，将“病毒性”和“模因性”归入“可传播媒介”之下，意味着要努力将特异性阐释为一般性。由此可见，将“可传播媒介”与衍生媒介等同是适得其反的，因为这样做需要假定概念上的一致性。

此外，借用社会语言学和语言人类学领域的一个重要视角，瓦利斯和布洛马特（Varis & Blommaert，2015，pp. 35 - 36）将希夫曼（Shifman，2011）的观点理解为强调“符号本身意义变化的缺失”，以区分“病毒性”和“模因性”：与“病毒性”符号相反，模因将涉及符号本身的变化。在这里，瓦利斯和布洛马特将网络模因理解为“符号”，而在符号学中，符号具有传达意义的属性，其作用在于能够传达意义。如第 2 章所述，根据符号学家翁贝托·艾柯的定义，符号是“出于传播的‘意图’而产生的，也就是说，为了将一个人的表现或内心状态传达给另一个人”（Umberto Eco，1984，p. 16）。瓦利斯和布洛马特观点的核心是，当考虑与社会符号学（社会中跨群体意义形成的过程）相关的活动时，“病毒性”和“模因性”之间的区别并不像詹金斯或希夫曼所认为的那样站得住脚。相反，这一社会语言学观点认为，比如在 Facebook 上分享信息是一种“重新语境化”的方式，或者是“有意义的传播实践，要求用户具备不同层次的能动性和创造力”。（Varis & Blommaert，2015，p. 41）此外，瓦利斯和布洛马特断言，这种行为涉及“再符号化”（re-semiotization），这意味着每一次重复的符号表达总是“涉及一整套全新的语境化条件，从而导致一个完全‘新’的符号表达过程产生，允许新的符号模式和资源参与到复制过程中”。（Varis & Blommaert，2015，p.36）此外，他们还认为，Facebook 上的一篇帖子引发了成千上万人的反馈，这并不意味着每个做出反馈的人都阅读了这篇帖子。同样，在 Twitter 上进行的一项研究显示，大约 59% 的共享 URL 实际上根本没有被点击（Gabielkov，Ramachandran，Chaintreau，& Legout，2016，p.8，in Wiggins，2017）。因此，瓦利斯和布洛马特提出的主要反驳观点是，媒介内容，如自拍、循环播放的视频或图像宏（image-marro），无须按照模因研究人员通常所述的方式进行修改，因为这是重新语境化的过程。

## 弥合病毒鸿沟

为了将这两种观点联系起来，假设一张给定的自拍照上传到 Instagram 之后获得了大量的反馈，在这种情况下，自拍带来了某种程度的“病毒式传播”；然而，这一自拍行为及其反馈并非网络模因形成的过程，因为它没有提供任何形式的视觉论证。当然，它仍然是道金斯式变体的一种迭代，因为自拍作为一种可执行和可模仿的想法而存在。此外，自拍也是一种符号，因为具有传播功能，所以它可以作为另一种传播类型而存在。因此，根据艾柯（Eco，1984）对符号的定义以及瓦利斯和布洛马特（Varis and Blommaert，2015）关于网络模因是符号学中的符号等观点，所有形式的媒介内容——无论它们是否“走红”——都象征或传递意义，也可以被视为符号学的符号。然而，本文所考察的网络模因的类别是内含视觉论证的符号，这些视觉论证通过意识形态实践的表达、符号学和往往是互文性的建构来实现。某人是否希望考察所有此类内容，如模因或病毒媒介，或符号学符号等，这是个人的选择。我的观点是，理解特定数字信息在视觉上论证一种观点的能力，构成了对该事物作为一种网络模因的承认，这种行为的重要性引导我们有机会了解所表达的意识形态、所针对的观众、所建构或协商的身份、媒体叙事融入信息的程度等。换句话说，我们应该关注网络模因的建构、数字化综合处理的过程、受众如何使用网络模因等方面，即关注它们的话语权力，而不是它们的流行病学问题。

例如，对网络模因的学术研究倾向于探讨模因的内在意义，这些模因可能源自特定事件，或被用作表达讽刺的话语工具。然而，这些研究很少（如果有的话）涉及符号学和互文性对模因本身所传达意义的意识形态的相互关系，以及模因的创作、策划对使用模因进行话语实践的个人、团体等的影响。本书试图通过介绍意识形态、符号学和互文性的概念来理解网络模因。

## 1.2 作为文化商品的模因

明确地说，模因与其他文化商品并无不同。对商品的获取、展示、渴求，甚至是认知，从我们与商品以及商品之间的关系来看，商品传递着我们的某些信息。交流在本质上是不可避免的。此外，个体能够通过模因与他人建立起社会关系是因为个体被他们所处（或他们所认同）的社会系统所左右和指引。相应地，个体以与特定意识形态实践相关联的方式表达他们对某一问题的意见、观点等。这是通过对一种刻意的符号学意义的建构来传达的，这种意义建构对于个体所感知到的群体来说是可以相互理解的，它能使社会结构具体化，而社会结构本身又是通过人与互联网的互动来递归[①]重组。因此，就“意识形态”而言，我比较赞同阿尔都塞（Althusser）和齐泽克（Zizek）的观点；就“符号学”而言，我借鉴了艾柯、霍奇（Hodge）和巴特（Barthes）的论证方法；就“互文性”而言，我参考了克里斯蒂娃（Kristeva）、巴特的作品，以及相关概念。接下来的章节将更宽泛地阐明这部作品标题所包含的概念的核心。

## 1.3 模因与文化

正如前面提到的，理查德·道金斯最初提出模因这个概念，是想将它作为基因在文化传播领域的对应词语。虽然这个词语在理解社会实践、信仰、习俗、表达、行为模式、非语言暗示等文化传播特征时很有用，但在讨论道金斯文化推论的数字对应物时，它是有问题的。首先，我们必须明确，至少从一开始就要厘清文化是由什么构成的。雷蒙德·威廉斯（Raymond Williams，1981）认为，“文化”一词从根基上指的是农业，即种植农作物以维持人类生存。其实，即使从最批判的角度来看，也需要承认，一个物种（如人类）的存在需要有一种模式和方法来维持自身生存，并且稳定、系统地维持下去。因此，当我们谈到文化、反主流文化、流行文化、大众文化、混合文化、共同文化、亚文化等时，在所有概念中蕴含着一个共识，即所有文化都是实现一种有教养的状态的结果（这是一种正

① 此处的递归原本是一个计算机函数概念，指通过重复将问题分解为更小的子问题来解决问题的方法。在本书中，递归指信息重复或循环的过程，其中每一次的迭代都依赖于上一次的结果。——译者注

在进行和不断发展的互动、生产、共同创造意义的系统），使个体成为有修养和有文化的人。

此外，从威廉斯对文化的总体看法来看，必须强调文化是鲜活的；它是由个人和群体产生的，他们通过生活塑造自己的行为方式。道金斯贡献了一个社会概念——“模因”，并提出了一种如何在文化传播中保留实践中获得的知识的方法，这一点很值得赞同。在语言学上，这个概念的提出完成了一项庄重而富有挑战性的壮举：它使得我们能够将具体的（如歌曲、时尚、建筑等）以及深度抽象的（如上帝、自由、超自然等）思想概念化为特有文化表达出来的一种特质，然后就其产生的内容而言，最终实现自身的递归构建。如果文化实际上是由个体传承并生活在其中的，那么我们理解这一点的知识就可以回溯到文化的最初含义，即通过农业进行耕作的系统能力（这里我也暗示了威廉斯对这个概念的理解，如前所述）。因此，在道金斯看来，模因代表了文化传播和接受的成功。但这和网络模因有什么关系呢？

### 1.3.1 它不会模仿你的想法

这正是区分道金斯的模因和网络模因的关键点。从主流新闻媒体到高级别的同行评审期刊，无论是学术讨论还是一般讨论和写作，学者们对模因一词的理解似乎都不能说是严谨的。从这个概念更大范围更为宽泛的用法来看，模因通常指的是几乎所有在网上实现病毒式传播的内容。借用道金斯的概念，任何带有文字的图像必须或可能就是一个模因。此外，给数字化的再创混编作品贴上“模因”的标签，忽视了探索在线表达和建构意义多样性的机会。

就本质而言，道金斯的模因与数字化网络模因之间有类似关系的假定是令人怀疑的，因为这忽略了网络模因的话语属性。最后，道金斯将“模因”描述为思想和概念以模仿的形式从一个大脑传递到另一个大脑的意识形态运动，这并不能与在线内容创造、传播等复杂而多面向的模式发生关联。

### 1.3.2　模因与网络模因

将道金斯的概念“模因”与网络对应的概念“网络模因”联系起来是有问题的，因为网络模因在构成和传播方面与模因存在很大差异，而最重要的是要考虑到网络模因迫切需要人机交互以促进其发展。事实上，道金斯自己也承认，网络模因是他在《自私的基因》一书中提出的“对原始概念的‘劫持’”。道金斯（Dawkins，2013，n.p.）声称：

> “模因”这一概念本身已经变异，并朝着一个新的方向发展。网络模因是对原始概念的“劫持”，它不是通过随机变异然后通过物竞天择的形式传播，而是由人类的创造力刻意改造——在这一被“劫持”的版本中，变异是被有意识设计出来的，而不是随机的，变异者对此心知肚明。

变异和“劫持”是道金斯模因理论的核心，在定义、概念化和理论化我们所认为的网络模因时它们凸显了必需的社会和文化因素。在接下来的文章中，我回顾了其他几个关于网络模因的观点，找出道金斯版本和网络版本之间的区别，然后介绍用于实践的“网络模因”的定义，以达到本书的目的。

通常，作为信息的模因更多的是一种视觉论证，而不仅仅是被复制的笑话。在概念和实践上，模因与网络模因只有两个方面是一致的：（1）对人类注意力的需求；（2）个体应该能够毫不费力地复制它们。这种区分提供了一个清晰的视角，而这在学术界对网络模因是道金斯研究的最终结果进行学术讨论时是缺乏的。然而，希夫曼（Shifman，2013）相当敏锐地指出，作为一个概念，道金斯传统意义中的“模因”在学术界持续受到批评和反对，却“被互联网用户热情地使用着”（p. 365）。希夫曼（Shifman，2014）将她对“模因”的概念界定与道金斯的最初界定进行了区分，她写道：“我没有将模因描述为一个易于流行的单一文化单元，而是将模因视为一组内容单元。”（p.343）她的意思是，网络模因展示了主题意识，而这种意识可以通过一系列网络模因子类型表现出来。此外，希夫曼（Shifman，2013）探索了与模因相关的如创新扩散研究等领域，但指出这些领域往往忽视了可归因于（模因）概念的“复杂性和丰富性”（p.367）。相应地，她在介绍其所声称的模因维度类型学的理论时，又回到了道金斯的理论轨道。希夫曼（Shifman，2013）认为，最好不要将网络模因视为单一文化单元，从而偏离对道金斯变体进行严谨解释的轨道，而应将其视为“由彼此在互动过程中觉察到的内容细节组成的‘集合’，并在其中共享具有一致特征的意义”。（p.367）希夫曼的类型学由三个模因维度组成，即内容、形式和立场，我们将在后面的章节进一步讨论。这些维度经常被用来分析视频模因，并且在实践中与其他模因子类型相比较。她的类型学的第三个维度“立场”需要在其理论框架中进行调整即重新解读，特别是在基于图像的网络模因方面。在此基础上我进一步提出，网络模因不仅仅是“内容的细节”，因而不仅仅是文化的复制者，而且是视觉论证（即包含留白特征），它通过符号学的互文引用来建构，以反映意识形态实践。

网络模因与（文化关联的）模因在以下方面有区别。首先，模因（正如道金斯最初提出后来由苏珊·布莱克莫尔和其他人推断得出的概念）是基于文化的。如上所述，文化的所有方面——包括它所促成的一切，和促成它的一切，除了它所包含的生物属性（因为这是基因的领域）之外——都是一种模因。例如，人们探讨亲吻的方式时，在某些特定语境中没有问题，但在其他语境下则会被规避、被推崇、被议论以及被改变——这里的模因是严格遵循道金斯概念内涵的模因。在一种文化中，一个男人可能会在另一个男人的脸颊上亲吻一两下，但同样的动作在另一种文化中可能会被误解和曲解，甚至当事人可能会被边缘化并受到处罚。然而无论怎样，这里的亲吻仍然是可知的、可辨识的；它是一种文化实践的象征，与许多不同的含义相联系，但主要指涉人与人在有限的范围之内建立的一种关系——这是威廉斯观点的精髓，即文化是由生活在其中的个体创造的，他们一起参与创造共享的意义及其形式。在这一层面，我们可以明确地将模因视作基因的文化对应物。

道金斯从根本上将人类的经验分为两种截然不同但又相互关联的模式：一种是生物基因，通过复制、选择或拒绝，以及传递某些信息，以进一步促进物种的生存或变化；另一种是模因，模因在很大程度上成功地模仿了基因的同构属性，它迅速可知、可复制的特征是它存在的必要前提，对我们能在多大程度上讨论其作用也不可或缺。从这个角度来看，在讨论最近使用（网络）"模因"来批评政客、模仿艺人或表达反讽或挖苦等案例时，继续依赖道金斯的模因概念并没有什么帮助。对道金斯"模因"一词的引用应该视上下文语境而定，以清楚地表明数字网络对应物即网络模因与其原始概念的不同，道金斯在谈到网络模因是对其原始概念的"劫持"时暗示了这一点（详见第 3 章）。他使用"劫持"一词提示了人的能动性，并且指出人机交互的目的是进行人际交流，而不是与计算机本身交流。

关于模因和网络模因之间进一步的区别在于：第一，模因不需要电子的、数字化的或其他媒介的交流传播形式；第二，模因不需要语言的相互理解。第一个区别或许是显而易见的，但为了理解网络模因及其在网络空间中的使用，必须检查创作和传播它们所需的各种传播工具（媒介）。第二个区别虽然或许不那么明显，但可能是我论证过程中假定的错误。首先，我并不建议引入一个新的概念来取代"网络模因"，但非常重要的是，如果一个在线受众——无论是真实的还是想象的——要理解一个特定的网络模因，理解不同语境下的语言是必须的。正如前面提到的不同文化背景下、不同性别的人对亲吻有不同理解的案例，了解亲吻中具体内容的变化，或者为何人们会对它有不同的感受和认知其实都不重要，因为无论人们是否了解与它对应的特定的文化背景，他们都可以理解“亲吻”（作为道金斯的文化模因）的基本含义。然而，以一个将某人比作伏地魔的网络模因为例，这就要求我们必须知道（至少在基本层面上），与《哈利波特》中的大反派相提并论的人绝非正面形象（更不用说所需要的流行文化引用的知识了）。

更复杂的是，对流行文化特定部分的引用，往往是为了表明现实世界中的对应物（无论是演员、政客还是普通人）应当受到这样的批评。要理解这样的引用，显然需要了解其他领域的资讯。当然，尽管使用流行文化的参照物有助于最大限度地提高模因的接受度，但如前所述，这对“亲吻”一词使用的例子而言并不具有普适性。个体可能会认识到他看到的网络模因是一般意义上可以理解的网络模因，并且可能会明白其中的笑点，然而他不一定能够完全理解其中对流行文化元素的引用或者由模因进一步引用的对象（指其他模因的模因）。诚然，这对于信息的使用和传达可能无关紧要，然而，在涉及政治敏感或社会两极分化的问题时，个人需要了解被引用对象的语境，才能凸显网络模因的笑点或意义。尽管本章以一个在政治上略有差异的网络模因作为结尾，但这一讨论进一步深化了我在此表达的推理，我将在随后章节提供更具体的例子。

“网络模因”由此被定义为一种再创混编的、重复传播的信息，它可以被参与式数字文化的成员快速传播，以达到进行讽刺、恶搞、批评或其他话语活动的目的。“网络模因”是一个更具体的概念，指的是它所代表的各种迭代模因，如图像宏、GIF 动图、话题标签、视频等。它的功能是以直观的方式提出一个观点，以便启动、扩展、反驳或影响话语，这种情况当然会发生在幽默的语境中；然而，幽默只是社会显著性的表层切入点。深入挖掘其背后的含义，我们就可以看到模因通常（如果不是“总是”的话）代表一种意识形态实践。

### 1.3.3　模因和再创混编的作用

提到再创混编，一方面，对于道金斯传统理论中的模因来说，除了需要模仿、恶搞或戏仿之外，它们的复制并不依赖于再创混编。而一个要模仿、恶搞或戏仿一件事的人，必须通过观察并理解某种行为来了解如何用类似的或稍加改变的方式复制这种行为，以达到某种效果。另一方面，进行再创混编也需要同样的过程，特别是在恶搞方面。的确，恶搞是对现实世界真实事件的再次创作，比如以一种引发大笑的方式编排，以达到批判社会的效果。但是对于网络模因来说，再创混编的含义略有不同。例如，在对流行文化的互文引用以及与引用内容中真实世界的对应物进行再创混编时，恶搞或许会管用，但并非必要，由此我们就会鉴别出在网络模因中再创混编和恶搞之间的区别。对于网络模因来说，再创混编意味着随着对同一内容的改变或修饰，在通过模因的各种迭代对特定人物（如《星际迷航：下一代》中帕特里克·斯图尔特饰演的皮卡德舰长）、事件（如 2016 年美国总统大选或柏林墙倒塌）、运动（#lovewins 或 #metoo）、地点（如叙利亚或一家餐厅）等进行传播的过程中，其核心内涵必须得到保持。

再创混编是网络模因构建、应用和再生产能力中不可或缺的组成部分。我们以热门电视剧《行尸走肉》（*The Walking Dead*）的模因为例进行分析，在此仅供娱乐。网络模因“看花”[①] 描述了主人公卡罗尔持枪指着一名女孩，看上去在情绪上受到了预期行动结果——枪杀这名年轻女孩——的影响。如果这个模因是在评论 Facebook 上的一个帖子时发布并且有人不同意帖子的内容，那么就可以用模因的视觉性再创混编这种传播形式，来替代不同意或者沮丧（情绪）等的单一文字表述，这将更加有趣。

---

① “看花”是《行尸走肉》里一个著名的引语，后来被改编成一个模因。剧中卡罗尔·佩莱蒂尔是一名警察，她在不得不准备结束一个名叫莉齐的小女孩的生命之前，用“看看花儿”这句话安抚了莉齐。因为莉齐对卡罗尔及其同事和其他人构成了危险，卡罗尔为了大家的安全对莉齐开了枪。——译者注

卡罗尔拿着枪指向小女孩的图片可以简单插入其中——无论是否有文字，其核心含义都是持续的（前提是个人之间分享特定上下文内容细节时可以相互理解），但同时又被再创混编，意味着它的发布可以作为评论，作为另一个视觉框架的一部分（也许位于与有争议的政治人物图像相邻的位置），或者插入另一个互文框架中（也许位于与一部电视剧或电影中被普遍认为令人讨厌的角色图像相邻的位置，例如《怪奇物语》（*Stranger Things*）中的角色鲍尔布或《星球大战》前传中的角色加·加·宾克斯）。再创混编是网络模因在生成和维持其意义的过程中一个必要的步骤，网络模因的意义是由特定网络模因（不重要或不可知）的作者及其信息使用者即受众共同构建的，正如之前所描述的，这一共同构建的过程比简单的模仿更加动态。

### 1.3.4 你不能碰我的模因

模因与网络模因的另一个区别是，道金斯模因使用的媒介通常可能是无形的。道金斯（Dawkins，1989）引用“曲调、流行语、时尚、制作罐子或建造拱门的方法”作为他论证这一观点的例子（p.192）。在此我们可以这样理解道金斯，即罐子或拱门本身并不是模因，而是文化共享的知识使罐子或拱门成为可能的模因。相应地，网络模因虽然是基于数字的，也是无形的，却需要人的行动 / 反应的配合，因此是社交网络中的一种传播类型。作为一种传播类型——我们将在第 3 章进行更详细的讨论——网络模因是由参与式数字文化[①]系统创造的人工产物，并在这一数字文化系统中发挥着传播的作用，这一点并不令人惊讶。如前所述，网络模因需要再创混编，但也非常依赖或者痴迷于恶搞和互文性，甚至更依赖模因之间的

① 参与式数字文化是一个描述互联网用户如何积极参与内容的创建、分享和交流的概念。这种文化强调用户不仅是内容的使用者，还是内容的创作者和编辑者。在这种文化中，人们可以通过社交媒体如博客、视频分享平台等数字工具自由地创造、修改和传播信息。——译者注

相互引用（即其他模因的模因）。由此我们又一次看到了就程序过程而言再创混编和恶搞的区别——再创混编更多的是在网络模因的传播过程中发挥功能的一个必要过程，无论它的传播意图如何；而恶搞则意味着某种程度的戏仿，即通常所言的幽默，或更准确地说是讽刺，该讽刺过程可以被视为恶搞是因为参与者已经或多或少地了解了其传播的既有思维框架，以至于不需要对其核心内涵进一步认同。相对而言，对于网络模因来说，再创混编需要的是一个包罗万象的思维框架，除了基本内涵即一个围绕着核心思想或概念的主题得以保持之外，几乎没有任何实际的符号学信息，而且可能在视觉方式上并不与之前的模因保持一致。此外，网络模因是数字化的，不存在已知的非数字化或非在线的案例——网络模因成为实物商品的情况除外，比如可能展示某种可穿戴物品，例如 T 恤，它可能具有某个流行模因的结构特征（如 Doge 模因或 Y U no Guy 模因，它们可能被更恰当地视为“旧模因”）。还有一个可能的例外是当网络模因被展示在非本地居民的居住地时，如营销活动的一部分或被政府用于攻击其政治对手时（Pearce & Hajizada，2014）。网络模因使身份不重要的人成为必要的媒介（在这里我并不是说“身份”本身不重要，其后我会用一章专门讨论“身份”和网络模因的问题。相反，我只是想说，第一步是承认人类能动性在模因的生产和传播中所起到的作用，所有参与者的个人身份都不如社会系统中的媒介功能重要，尤其是在一个包含甚至可能需要数字技术以实现传播目的的社会系统中）。由此可见，道金斯模因和网络模因只在两个方面是一致的：都需要注意力，而且必须是可复制的。

## 1.4 注意力和可复制性

道金斯在讨论基因复制过程时使用了“复制因子”这个概念，同时也用这个概念指代模因，因为通过复制已经存在的东西，模因才能使自己存在。然而，正如道金斯所指出的（Dawkins，1989），并非所有基因都能成功复制，模因也是如此（p.194）。道金斯认为，模因必须具备与基因复制能力相似的三个基本特征。这些特征与他对基因复制能力的讨论相似。

道金斯认为，持续性、繁殖力和保真度是模因存在的先决条件。持续性指时间方面的特征，道金斯承认，就模因特定的某个复制副本而言，这并不重要，但模因存在于特定的时间段，可能很快或逐渐过时，正是在最后这一点上，道金斯的“持续性”一词在比较模因和网络模因时才具有意义。网络模因通常是对某一事件进行直接回应，以话语方式来添加评论或表明立场，其围绕的话题本身最终可能会消失，但模因的传播功能不会消失。持续性提供的时间维度表明，对于网络模因来说，由于模因本身的流行特征，特定被提及的人可能会获得病毒性传播——比如“撒盐哥”（Salt Bae）这个网络模因。但将模因再创混编到另一个人物中（如唐纳德·特朗普、特蕾莎·梅、伯尼·桑德斯、维克托·欧尔班，等等），则可能延长特定模因的持续时间。

乍一看，模因的繁殖力似乎比持续性更重要，这与道金斯的观点一致。但是，将其与道金斯的生物—文化辩证法相提并论是令人厌倦的，因为一个特定的网络模因，如特朗普执行行政命令的GIF动图或“撒盐哥”模因，并不具有生物学意义上的丰富、肥沃、多产、有益等特点，亦即其繁殖力并不那么强。将一个特定的模因或模因的子类型视为多产的，对本章的讨论没有什么帮助，相反，更深入地研究其构成要素，及其如何演变为对大众具有吸引力和具备病毒式传播特征的模因，以理解嵌入其中的社会符号学，却很重要。

保真度意味着模因（道金斯的变体）应该对其特定指涉对应物保持正确的、如同对婚姻一样的忠诚。道金斯承认，他在有关保真度方面的断言上其实“站不住脚”，因为一个想法从一个人传递给另一个人时，可能会稍微改变、被调整或修改以适应那个人的需要或世界观（Dawkins，1989， p.194）。保真度也与网络模因有关，因为当一个模因被改变，比如插入了新的文本或图像时，其特定功能应该保持不变。例如，如果一个人就一个现实世界发生的事件而被激发去分享模因，他会选择某些特定的文本和视觉元素以保持与该事件相关联的情感，这在视觉上可以与流行文化的引用有所不同，但在概念上，保真度是得到了维护的。

道金斯的模因与其数字化对应物之间的主要区别在于它们之间关系的特质，即“模因”是一个总括概念，而“网络模因”只是一个例子，通常称模因的网络现象是一种道金斯式模因。正如人们不会说“工具是勺子的一种”，我们应该避免像希夫曼（Shifman，2013）提到的那样，假设网络模因和道金斯的概念基本类同，相反我觉得，尤其是考虑到模因在网络空间的话语权力时，学术界必须认识到依赖道金斯理论视角的局限性。

## 1.5　希夫曼的模因维度类型学阐释

就数字文化中的话语实践而言，我们选择对网络模因进行分析表明了它们的重要性——无论是真实的还是想象的。类型学是针对特定的视频模因而开发的。具体来说，希夫曼（Shifman，2013）提出了由内容（模因在思想和意识形态方面所传达的内容）、形式（她称之为“信息的实体化身”，但我将其调整为“模因的实体类别”）和立场（描述发件人在与文本、语言代码、收件人和其他潜在话事人的关系中定位自己的方式）组成的三重类型学（p.367）。出于尊重希夫曼将类型学用于分析网络模因的初衷，人们一直倾向于使用它来研究视频模因。然而，它对非视频模因也具有延伸意义，并且这一意义要求我们必须详细阐释希夫曼的类型学。

需要明确的是，希夫曼（Shifman，2013）的类型学是一个非常好的研究起点，而其维度“立场”为阐释类型学提供了机会，我将在后文中将其作为模因分析的一个模型。在表 1.1 中，我提供了希夫曼模型的原始定义及其构成要素，并在此基础上进行了简要扩展。紧接着我阐述了一些具体例子，说明为什么以及如何将该模型应用到非视频模因中。需要说明的是，我的阐释并不是在贬低希夫曼的模型，相反，我认为该模型在分析丰富的模因子类型时更具有可行性和实用性。相应地，在我阐释希夫曼模型的时候，推动开展本研究的主要概念——意识形态、符号学和互文性也表现得更加显著。

**表 1.1　模因类型的阐述**

| | 内容 | 形式 | 立场 |
|---|---|---|---|
| 希夫曼（Shifman，2013） | 在特定文本中传达的思想和意识形态 | 信息的实体化身，通过我们的感官感知 | 探讨模因的创作者或传播者如何将立场置于自己与文本之间的关系中；用户（受众）决定站在对他们具有特定吸引力的立场，或者可能采用完全不同的话语取向 |
| 对模型的阐释 | 作为传播交流的一个特质，这是不可避免的；几乎不可能是偶然的；这是意识形态实践的本质，人类言语的模因缺失与立场是融合的 | 中立的；模因的实体类别有视频、GIF 动图、图像宏、插入另一个图像中的图像、语言文本、标签等 | 充满意义，充满激情；随着人类言语的模因缺失，符号学和互文性意义建构的作用增强，并与内容融合 |

在使用希夫曼理论模型的原始框架进行解释时，有必要指出，并非所有形式的理论分支都具有相同的解释力。对于视频模因而言，立场可谓分析言语行为的一种有效途径；从言语有助于视频记忆的视角而言，在分析视频模因时，我们会发现立场严重依赖于言语的存在[①]。而对于其他非视频

① 此处作者的意图在于区分视频模因和非视频模因的立场建构。言语指非文字语言比如画外音、配音等，由于视频模因中的言语往往直接表达了某种观点和意图，因此研究者可以通过研究视频中人物的言语来解析模因的含义和立场。——译者注

模因案例，因为意识形态表达与无言语行为的意义生成方式之间存在特定的关系，立场会不可避免地与非视频模因的内容紧密相连，由此增强了符号学和互文性在理解非视频模因中的作用。

比如使用图像宏或插入像“撒盐哥”、白人女性报警（White Woman Calls Cops，也被称为BBQ Becky模因）、萨勒曼 & 特朗普圆球（Salman Trump Orb）、内塔尼亚胡PPT模板（Netanyahu Power Point Template）、阴阳魔界特朗普（Twilight Zone Trump）、普伊戈德蒙特加泰罗尼亚（Puigdemont Catalonia）、埃尔多安（Erdogan）等图片模因，内容与立场的融合必然是重点。在图片模因中，内容和立场的融合是在思想和意识形态的传递通过符号学和互文性刻意建构，尤其是在人类言语缺席的情况下发生的。

特别是在基于图像的模因中，意识形态实践象征着一种内容和立场之间的融合，这种融合是通过主体的互动和模因生产递归地形成的。伴随着特定的意识形态实践，立场成为符号学和互文性意义的落脚点。人们可能倾向于得出这样的结论：模因的内容包含了互文性引用，但这样做将忽视个人使用模因推动特定立场或问题的话语权力，而这正是通过符号学和互文性的选择来建构意识形态实践的本质。

希夫曼（Shifman，2013）扩展了立场的概念，将其称为一个“非常广阔的空间”，并借鉴了“话语和媒体研究中的概念”，引入了三个从属机制的构成部分，即参与式结构（“谁能够参与以及如何参与”）、定调［或“戈夫曼（Goffman，1974）定义的沟通语调和风格”］和传播功能［这是基于雅各布森（Jakobson，1960）的研究，他确定了人类传播交流的六种功能］（p.367）。在分析视频模因时，这些构成部分特别有用，但在分析基于图像的模因时，缺乏人类言语行为提示我们还有另一个重点立场值得关注。我无意贬低希夫曼类型学的原始内涵，然而，当将它再次应用到各种模因子类型，特别是强调基于图像的模因时，就需要更详细地阐释立场的作用。确实，在视频模因中，内容与立场之间的联系已经存在，但在没有人类言语行为的模因中，这种联系更为明显。这是必然的，特别是当模因被构建成人们对现实世界时事的批判性回应时。

对于基于图像的模因，需要更加关注符号学和互文性。首先，立场中的符号学指的是构建视觉线索以传达特定意义，这与希夫曼（Shifman，2013）对内容的原始表述不同，希夫曼关注的是图像在人类言语表达受局限时传达的观念和意识形态。相反，立场中的符号学阐释意味着由于缺乏人类言语，隐喻、换喻、并置、拼贴、仿拼贴、提喻等的作用得到了强化。其次，传播内容时选择互文性似乎是明智的；然而，我认为它必须并置于立场中，因为“发件人是在与信息的关系中定位自己的”。（Shifman，2013，p.367）所以不同的用户才会针对不同（想象中的）受众使用不同的引用内容。互文性存在于立场中，因为它在图像和指涉物的再创混编中具有固定的话语功能，用于构建意义。这种功能导致意义的产生，所以互文性与符号学的联系应该是清晰明确的。立场和内容之间的关联在于理解内容的行为方式，模型中的内容仅仅标明了传达的内容，而不是其重要性，也不指明其意义被哪些个人或者群体引用（或描绘），或被边缘化。内容是模因传达的信息和数据，立场则是对内容如何（理想化地）被理解，以及针对哪些（想象中的）受众，哪些受众被忽视、边缘化等的审议。对于基于图像（或简单地说，非视频）的模因，最初的分析可能不是从内容或立场出发，而是从形式出发，然后再结合内容和立场维度提供的知识展开。

## 用希夫曼的模型阐释基于图像的模因

作为一个应用实例，我将根据我对希夫曼模型的阐释来分析庞贝城的受害者模因。2018 年 5 月，一个考古发现黑色幽默无处不在。当时意大利考古学家宣布了一个令人震惊的发现：一具被埋在火山灰中的完整的

30 多岁的男子骸骨！该男子死于公元 79 年庞贝城的维苏威火山喷发事件（Joseph，2018）。据信，这名男子患有骨感染病，导致他在试图逃跑时无法正常奔跑，以致成为火山爆发的受害者。尽管他在维苏威火山爆发的瞬间幸存了下来，但一块圆石砸碎了他的上半身，导致他当场死亡。

## 1.6 引入网络

庞贝城考古发现的消息公布后不久，Twitter 和 Facebook 用户分别用这具被圆石砸碎的骸骨进行再创混编并发布了图片，以渲染其中的黑色幽默、疏离的讽刺和错位带来的不安情绪。从形式上来说，用户们只是简单地获取图像并添加文字，使其成为图像宏模因的一个版本。在传递思想和意识形态时，（对受害者来说）无论是隐喻还是字面意义，圆石都代表了某种形式的绊脚石或者说羁绊，而受害者代表了绊脚石羁绊的目标，这建立在希夫曼（Shifman，2013）所描述的网络用户是否会再创混编该模因的决定论基础上，即是否会“模仿他们发现的有吸引力的特定立场，或者采用完全不同的话语取向”（p.367）。从符号学的角度来看，用户使用绊脚石这个模因来传达代表现代社会某些方面或时事的黑色幽默，导致死去了两千多年的受害者在模因中再次“复活”，却又在具有戏谑功能的模因作用下，再一次被递归地杀死。这一模因在其每一次迭代中，都会对外部世界的某些事物进行批判，而绊脚石在此案例中表明了批判价值的重要性。

绊脚石模因的其中一个版本特别批判了社交媒体以决定论的立场对公民话语的粉碎与扼杀。从互文性视角而言，该版本中的模因将庞贝城考古发现的资讯与基于意识形态实践的符号的作用联系了起来，而这里符号的作用在于进行再创混编以产生新的意义。在这种情况下，社交媒体的本质，及其所有的“陷阱”和“阴暗面”（Levinson，2013，p.161；

Stephens-Davidowitz，2017，p.160）都被设定为一种典型的“胁迫力量”，旨在削弱个人参与理性和文明辩论以及公共话语的能力。同样的，符号学和互文性的作用也出现在庞贝城考古另一个版本的模因中，然而社交媒体被不间断更新的新闻湮没了。在这两种情况下，作为同情庞贝城考古模因原型的网络用户，除了根据蓄意设计的网络信息再创混编这一模因之外，不得不屈服于已经预定了的命运。

就意识形态实践而言，这些例子表明了某种外部实体或强大力量正在违背我们的意愿行事。这种情绪之所以在社会上如此突出，至少部分原因在于当下这个时代带来的挑战，比如民族主义、本土主义等在美国和欧洲的复兴，伊朗爆发战争的不确定性，以及其他问题。虽然这些模因呈现出一种带有幽默感的效果，但它们包含了一种内在的观点，即事情并非总是那么顺利，而且，“我认同受害者，因为手头的问题压垮了我”。

最后，我详细阐述了希夫曼（Shifman，2013）的内容、形式和立场这三个模因维度的价值。我的贡献是，在关于意识形态实践的表达中，在符号学和互文性意义建构方面，我更具体地使用了立场和内容来补充这一模式。总的来说，我的建议是，在分析网络模因时要深入挖掘，并试图确定特定模因的意识形态含义，包括其意义是如何建构的，以及在一个越来越 TLDR（太长，不读）的世界里使用什么来使其有意义。

接下来的章节将以案例研究的形式提供指导，并遵循费克劳（Fairclough，1995）的传统进行批判性话语分析。这种分析基于这样的论断和证据：就像不同字体会影响意义一样，网络模因以类似的方式增强了人类语言的表达功能，同时，视觉元素、表情符号、“emoji”卡通表情图像等的加入，也作为一种辅助语言工具发挥了作用。

## 参考文献

Aunger, R. (2002). *The electric meme: A new theory of how we think*. New York: The

Free Press.

Blackmore, S. (2000). *The meme machine* (New ed.). Oxford: Oxford University Press.

Burman, J. (2012). The misunderstanding of memes: Biography of an unscientific object, 1976 - 1999. *Perspectives on Science, 20*(1), 75 - 104.

Dawkins, R. (1989). *The selfish gene* (New ed.). Oxford: Oxford University Press.

Dawkins, R. (2013). *Just for hits*. Retrieved from http://www.youtube.com/watch?v=GFn-ixX9edg.

Eco, U. (1984). *Semiotics and the philosophy of language*. Hong Kong: Macmillan.

Fairclough, N. (1995). *Critical discourse analysis: The critical study of language*. London: Longman.

Finnegan, C. A. (2001). The naturalistic enthymeme and visual argument: Photographic representation in the "skull controversy". *Argumentation and Advocacy, 37*, 133 - 149.

Gabielkov, M., Ramachandran, A., Chaintreau, A., & Legout, A. (2016). Social clicks: What and who gets to read on Twitter? *Proceedings from Sigmetrics 2016 Conference*. Antibes Juan-Les-Pins, France. Retrieved from https://hal. inria.fr/hal−01281190/document.

Goffman, E. (1974). *Frame analysis*. Cambridge, MA: Harvard University Press.

Hofstadter, D. (1983). Metamagical themas: Virus-like sentences and self-replicating structures. *Scientific American, 248*, 14 - 22.

Huntington, H. E. (2017). Pepper spray cop and the American dream: Using synecdoche and metaphor to unlock internet memes'visual political rhetoric. *Communication Studies, 67*(1), 77 - 93.

Jakobson, R. (1960). Closing statement: Linguistics and poetics. In T. Sebeok (Ed.), *Style in language* (pp. 350 - 377). Cambridge: MIT Press.

Jenkins, H. (2009, February 11). *If it doesn't spread, it's dead (part one): Media viruses and memes* [Web log post]. Retrieved from http://henryjenkins. org/2009/02/if_it_doesnt_spread_its_dead_p.html.

Joseph, Y. (2018, May 30). He fled the ash that buried Pompeii, only to be crushed by a rock. *The New York Times*. Retrieved from https://www.nytimes.com/2018/05/30/world/europe/pompeii-skeleton-rock.html?smtyp=cur&smid=tw-nytimes.

Kien, G. (2013). Media memes and prosumerist ethics: Notes toward a theoretical examination of memetic audience behavior. *Critical Studies? Critical Methodologies, 13*(6), 554 - 561. doi:10.1177/1532708613503785.

Levinson, P. (2013). *New new media* (2nd ed.). New York: Penguin.

Milner, R. M. (2012). *The world made meme: Discourse and identity in participatory media* (PhD thesis). University of Kansas, Lawrence, KS. Retrieved from http://kuscholarworks.ku.edu/handle/1808/10256.

Pearce, K. E., & Hajizada, A. (2014). No laughing matter: Humor as a means of dissent in the digital era: The case of authoritarian Azerbaijan. *Demokratizatsiya, 22*, 67 - 85. Retrieved from https://www.gwu.edu/~ ieresgwu/assets/docs/demokratizatsiya%20archive/GWASHU_DEMO_22_1/B158221228502786/B158221228502786.pdf.

Shifman, L. (2011). Anatomy of a YouTube meme. *New Media & Society, 14*(2), 187 - 203. doi:10.1177/1461444811412160.

Shifman, L. (2013). Memes in a digital world: Reconciling with a conceptual troublemaker. *Journal of Computer-Mediated Communication, 18*, 362 - 377.

Shifman, L. (2014). *Memes in digital culture*. Cambridge: MIT Press.

Smith, V. J. (2007). Aristotle's classical enthymeme and the visual argument of the twenty-first century. *Argumentation and Advocacy, 43*(Winter & Spring), 114 - 123.

Stephens-Davidowitz, S. (2017). *Everybody lies*: *Big data and what the internet can tell us about who we really are*. New York: Harper Collins.

Varis, P., & Blommaert, J. (2015). Conviviality and collectives on social media: Virality, memes, and new social structures. *Multilingual Margins*, *2*(1), 31 - 45.

Weng, L., Flammini, A., Vespignani, A., & Menczer, F. (2012) Competition among memes in a world with limited attention. *Scientific Reports, 2*(335), 120 - 138.

Wiggins, B. E. (2017). Navigating an immersive narratology: Fake news and the 2016 U.S. Presidential campaign. *International Journal of E-Politics, 8*(3), 16 - 33. doi:10.4018/IJEP.2017070101.

Williams, R. (1981). *Culture*. London: Fontana.

# 第 2 章　模因在数字文化中的话语权力

这一章的主要目的是在数字文化中界定网络模因所具有的假定话语权力。此外，如第 1 章所述，在整个研究中，对于模因的分析和探讨都是从意识形态、符号学和互文性的角度切入的，因而在对话语进行简要概述之后，我们将讨论这三个概念。

“话语权力”一词指的是一种主体具有做某件事的能力，也就是在在线空间中参与社会关系建构和重构的能力。然而，社会关系也在离线状态下被建构和重构，这取决于个体对参与网络模因（或任何其他相关内容）回忆、创造和讨论等的程度。这也初步显示了吉登斯“记忆痕迹”[①] 这一概念的实用性，它有助于主体基于社会系统内有规律的社会互动经验采取行动（这一点将在接下来的章节更详细地讨论）。

如果继续讨论“话语权力”一词，我们必然要问的是这种权力到底是什么，为什么或如何被描述为话语权力——答案就在“数字文化”中，至少部分答案如此。对网络模因的理解涉及意识形态、符号学和互文性之间的关系。这种关系使我们能够更深入、更有意义地理解网络模因，以及在一个意识到这种关系必然会对传播产生影响的语境中探讨模因。而首要的是界定“数字文化”的含义。

---

① 吉登斯的“记忆痕迹”是其结构化理论中的一个概念，具有一定的心理学含义，用来解释个体如何保留过去的经验并影响其在社会系统中未来的行为。记忆痕迹本质上是人们过去参与社会互动的心理残留，个体的心脑通过这些携带的心理残留指导他们在当前和未来的社交行为。这一概念所强调的是个体如何内化其人生经验，以及这些经验如何塑造他们持续的社会意识和关系。——译者注

## 2.1 数字文化

数字文化的核心意义是人与计算机的互动。关键是要记住，这不是单向互动。人们一般都认为，数字文化核心意义中的互动是需要使用社交媒体的，而且作为与其他人互动的主要形式，采用社交媒体进行互动既简单又普遍，比如想观看政治官员的演讲，你可以通过社交媒体上的直播来观看；想在咖啡馆见朋友，你可以使用社交媒体上的应用程序跟踪朋友的位置，找到咖啡馆，查看消息，回复电子邮件，听播客或音乐，并连接到当地的Wi-Fi。除此之外，自拍、话题标签、数字助手、生活小妙方、用手机或平板电脑分享每一刻、可穿戴技术、人工智能、超人类主义、极端复杂的个性化、物联网等都属于数字文化的一部分。

而我认为"数字文化"是詹金斯（Jenkins，2009）"参与式文化"这一定义的一种变体。他认为，这种文化"对于艺术表达和公民参与门槛相对较低，对创造和分享自己的作品提供了强有力的支持，并提供了某种类型的非正式指导方式，即经验丰富的人向新手传授知识"（p.3）。然而，詹金斯的观点缺乏一个综合的方法来解释参与式文化"并非"一个所有人都可以平等获取、进入和产生影响的乌托邦平台。想想YouTube或Instagram这类网站与其用户之间的财务谈判吧——这些用户因拥有大量粉丝而受益。在这种"参与式"文化中，有些人会因为自己的网络活动获得报酬，而另一些人只是参与其中——这种看法充其量是对成规模在线参与的社群一种偏颇和过于乐观的观点。对此，我要补充说明的是，数字文化不应被视为同质的整体，这一点从詹金斯相当模糊而乐观的分类中可以看出，显然，詹金斯是在描述互联网及其相关技术所带来的动态互动与文化生产的过程。然而，我们需要一个更广泛的定义来阐明这个概念，以淡化数字产物的可共享性，并提升其与话语的关系。作为一个术语，数字文化功能承认了人们对早期由印刷、广播和电视主导的媒体形式的偏离，并朝着个性化、用户生成内容、算法新闻推送以及用户唯恐错过（FOMO）等方向发展。很明显，这些只是数字文化作为一个概念的几个特征，而“数字”与“文化”这两个词的结合至少表明了这种联合所暗示的意义值得反思。文化是鲜活的，而数字是程序化的。两者的结合代表了一项技术成就，值得赞扬和关注。然而，正如电视这样的陈旧技术发明也曾引起过关注和批评，我们看到现在的互联网及其变体也面临着同样的关注和批评。

## 旧的恐惧和新的理性

文化理论家雷蒙德·威廉斯（Raymond Williams，1975）在他的《电视：技术与文化形态》（*Television: Technology and Cultural Form*）一书中记录了电视自20世纪作为大众媒介以来改变世界的方式。在书中，他列举了一系列证据，证明电视正在以奇妙的方式塑造世界。的确，他的论证与关于互联网如何改变世界、社会等的假设相当吻合。其中一个例子是：“电视是科学技术进步的结果。它作为一种媒介改变了我们对现实的基本感知方式，进而改变了我们与他人和世界的关系。”（Williams，1975，p.11）然而，正如米勒（Miller，2011）敏锐地指出的那样，互联网或许更有可能通过加强交流和信息获取等技术影响社会关系。关键在于，就数字文化而言，我们不只需要关注互联网——显然，“数字”包括移动技术、计算机系统、广播、电视、电影等。就我在本书中使用这个概念的方式而言，“数字文化”或许最好被视为在线世界和离线世界之间的一种桥梁。

相应地，“数字文化”是一个将互联网及与其功能相关的线上和线下互动联系起来的空间。作为一个空间，它是被占用的；“数字文化”不可能既存在，同时又不被占用。换句话说，数字文化需要人类的参与，以便持续递归地建构并物化自身，并对我们如何表达自己、回应表达等产生影响。在这个空间内，话语作为人类互动的结果而出现。通过数字信息的增加，人类的传播范围得到了扩展，但同时也受到了特定话语结构的限制。其中一种话语就是网络模因的话语，其他话语可能包括网络欺凌或恶搞的话语、表情符号的话语、Twitter 的话语，等等。它们共同具有一种抑制力，这种力量既具有创造性又具有限制性，因为人们期望“特定的事物应该就指那些特定的事物，而且只指那些事物本身”。

## 2.2　话语权力

谈论话语，就是承认由意义的主题一致性构成的位置主观空间，这意味着，话语强调观点结构的统一性，以便于保持自身的持续性。法国语言学家本维尼斯特（Benveniste，1966，in Macey，2000）提出，话语的定义由言外之意、意图以及人类之间在一定程度上想要说服对方的愿望构成。这种话语的表达有助于我们理解语言学在定义话语方面能提供的帮助及其有限性。虽然语言学主要关注语言及其句法、历史、神经等结构的研究，但涉及语言学的批判理论在解决话语的存在及其对人类的影响等问题方面十分独到，因此有必要在此引入批判理论来继续我们的探讨。比如，米歇尔·福柯（Michel Foucault）在探讨话语的“权力”方面所做的研究就特别有帮助。

一种话语，无论是 19 世纪英国文学的话语、漫画书中的话语，还是《星际迷航》的话语，都是由一系列可能的话语和其他表达形式组成的，这些表达形式指导和限定了人类主体能够理解的内容，以及关于特定知识领域或主题的含义。福柯（Foucault，1989）强调了话语表述中社会关系的二重性，他认为，话语包括“系统性地建构其所讨论的对象的实践”，这也被概念化为话语形态（p.49）。在这种话语观下，人类不是根据现实的物质世界，而是根据社会关系的世界来建构现实，因此可以说，意义是通过人类的主体行为创造和协商达成的。①

然而，话语既是一种解放，也是一种约束。我们可以说话语是解放的，因为通过话语人们可以自由地表达，但这种表达通常会受到语言和符号的限制。这种话语观在赫伯特·马尔库塞（Herbert Marcuse）的著作《单向度的人》（*One-Dimensional Man*，1964）中得到了发展。他在书中指出，由于资本主义的消费驱动属性以及对产品、服务等持续生产和消费的需求，话语本身已变得扁平化。换句话说，要在一个社会体系内运作，就需要遵守特定的表达形式（避免使用某些词语或短语，以限制意义的方式使用语言，适应主流社会秩序，等等），虽然这些表达方式也可能代表了一种批判性或解放性的反应，但它们仍然受困于其所处的社会体系。

## 作为意识形态的话语

话语或许最适合被视为意识形态的同义词。它是一种知识和行为体系，在指导传播的同时也限制了传播，约束了传播的内容并界定了内容的边界。这就是我们对本书中所使用的“话语”一词的理解。就本书的标题而言，我明确将“数字文化中模因的话语权力”定义为意识形态、符号学和互文性的建构。因此，这些词语并不是随机选择的，它们的目的是强调网络模因在数字文化中的话语功能，正如上文所讨论的那样。

用于讨论特定话语的语言与意义纠缠在一起，并设定了对特定意义的

① 这里福柯强调的是社会结构和个人行为之间的相互作用，即社会关系通过一系列具体的社会实践（或称为“话语实践”）来形成和维持。这些实践不仅定义了我们谈论的对象（包括这些对象的权力、性别、健康等），还形塑了我们对这些对象的理解和反应。根据福柯的观点，现实并非一个既定的事实，而是通过社会实践和互动不断建构和重构的。在这种框架下，意义的创造和协商通过人的行动和社会互动完成。——译者注

构成、限制、转向等期望。要使个体在一个（或多个）社会系统中相互交流，只需要保持特定已知的行为和交流传播对策，并将这一保持过程传达给其他人，即使系统的完整性得以保持。

通过网络模因，我们有机会查看实践中的话语。至少，任何特定的网络模因都属于意识形态实践的范畴，特别是当该模因表达了对政治、社会、经济、文化等领域的批判性观点（即使是以一种明显的幽默方式）时。此外，为了让人们理解意识形态，必须通过特定符号学的建构，将个人或群体与特定的网络模因互动过程中产生的言外之意所蕴含的意义巩固下来。这种过程依赖于符号和文本之间的互动，以及接收者如何解码和理解这些符号所传达的含义。同时，互文性通常有助于这两个过程，但它并非必不可少。在本书中，我将意识形态、符号学和互文性与网络模因联系在了一起，然而，将这三个词语压缩成“作为话语的模因”也已足够。

## 2.3　意识形态

正如前文提到的，将本书所描述和定义的话语视为意识形态的同义词对我们的研究是有帮助的。然而，正是在讨论意识形态形成和符号学意义建构这二者的关系时，对其概念进行区分才成为可能，同时，这也是理解我为什么要将话语解析为三个构成类别（意识形态、符号学和互文性）的关键所在。本书认为，网络模因这个更大的主题以及意识形态和话语这两个概念本身的主要区别在于意识形态本身就是包罗万象的，渗透在所有的社会交往中，充斥在所有的思想和话语中，而话语同样也是意识形态一个适配的同义词，它首先最关键的是由传播交流来定义的。虽然这可能是显而易见的，但我在此强调这一点是因为我希望提醒大家注意某些假设，这些假设可能被广泛分享或理解，或者也可能不被理解。首先，当我说话语是由传播交流定义的时候，我并不否定我之前有关话语的探讨。相反，我只是强调，作为传播交流的话语从来不是偶然出现的，它总是有目的的，这是一个值得反思的重要问题。它的目的或意图可能受到来自主流社会有秩序的话语框架的引导，而主流社会有秩序的话语框架显然是意识形态的代名词。当然，作为传播交流的话语保持了它明确的目的性，而意识形态则只停留在概念的层面。

之所以要对意识形态这一概念进行刻意的探讨，是因为它与“文化”或“性别”等概念类似，常常因为其内在含义的相互矛盾而受到一定程度的误解。斯道雷（Storey，2006）对意识形态进行了不同方式的定义。他解释说，意识形态不过是“一个特定人群的表意系统”（Storey，2006，p. 2），这里首先强调的是意识形态的表意模式，因此意味着它包含话语的传播交流模式。这个宽泛的定义实际上达到了相当巧妙的目的：意识形态通过命名的方式，将思想集合为一个“系统主体”，并将认同这一系统的人所采取的行动描述为“表达”，意识形态的成就表面上似乎是解放了一个群体，给这个群体行动的自由或者引导这个群体产生特定的行动，然而，这类行动其实是已经被定义了的，或者至少是人们在某种程度上可以理性预期的，是该系统主体有兴趣去推动、默许的。

第二个定义源自古典马克思主义，它受到关注，与意识形态是虚假意识的观点有关，这一观点认为意识形态是具有决定性作用的。在这一定义中，意识形态掩盖或隐藏了现实，使普通劳动者看到的只是现实的一个版本，而这个版本只服务于占统治地位的、有权势的精英们的需求。对于由精英支配的社会秩序而言，个人的信仰或思考并不重要。然而关键在于个体必须遵守命令，即获取和消费物质财富，同时还在这一过程中认为自己并非受压迫的人，而是在按照自己的意愿生活，因此，“他们不知道自己在做什么，但他们还是做了”是对这一版本有关意识形态定义的精辟总结。此外还有更重要的、需要我们注意的是，占统治地位的主流精英并不认为自己是压迫者，如果有什么区别的话，那就是精英们也“只是在过着他们自己的生活”，由此他们从隐藏现实的真实本质中获益。

第三个意识形态的定义在概念上与第二个定义相似。斯道雷（Storey，2006）坚持认为，“文本常常呈现着世界的一种形象……社会是围绕着不平等、剥削和压迫建构的”（p.3）。他认为，所有文本都是政治性的，文本可以携带所有信息，可以被理解、分析、解码、反馈、讨论，等等，这与符号学中的符号惊人地相似，我们将在后面讨论。斯图尔特·霍尔（Stuart Hall）在论述意识形态的同时，还阐述了他对大众文化的看法。基本上，他认为大众文化是生产和传播“社会集体意识”或话语的渠道，其目的是获得个人或群体的认可。霍尔将代码视为符号的发源地，符号是符号学的一个概念，从本质上标识了能指和所指的交汇点，它奠定了所有可知（社会）现实的基石。霍尔（Hall，1980）声称，代码“是使权力和意识形态在特定话语中表意的手段”（p.134），为了让人们看到你想让他们看到的世界，他们必须默认你的表述。

默认是将文本视为意识形态的标志的结果，为了让人们接受你对世界的特定呈现，用他们能理解和接受的方式与他们交流是至关重要的。这一点对（当前）关于“虚假新闻”的讨论尤其有帮助，也与之相关。对于这个看似棘手的概念，重要的是要解读其全部含义。我认为，这是一个从关于真理来源的假设中产生的分歧，这些假设存在于一个日益媒介化的环境中。我曾在其他论述中指出：

> 在概念导向上，虚假新闻指那些没有基于客观事实或可验证的证据、证词等进行的新闻报道，然而在声称真实的新闻报道中，或者《纽约时报》、CNN 等专业新闻公司的报道中却包含假新闻等，则对它们在社会中所扮演的角色提出了现实的挑战。现在，在貌似合适的情况下，因为个人意见而不认可事实性新闻报道，已成为使用“虚假

新闻”这一标签（对新闻报道）进行反驳的理由。

（Wiggins，2017a，p.17）

斯道雷（Storey，2006）关于“意识形态”的第三种定义与“虚假新闻”之间的关系与否认基于证据的论证、讨论和辩论有关，也与在面对任何可能挑战自己意识形态实践的事物时倾向于指责对方的错误行为有关。在将文本作为世界的表征来呈现时，如果目的是重新呈现我们所居住的世界或系统的某些属性，这也是着一种人为的建构。即使我们在报道一个现实世界的事件时，我们也必须在语言、内涵、图像指称等方面的限定框架内进行斟酌，通过呈现给受众、旁观者、个体等的文本来建构世界。[①] 我将在第 6 章中更详细地探讨这一点，并将介绍媒体叙事的概念化及其与网络模因的关联。

回到关于网络模因的意识形态定义，第四个定义是对法国哲学家罗兰·巴特（Roland Barthes）著作的强调。罗兰·巴特特别使用“神话”一词来指代“意识形态”。鉴于巴特强调文本与图像关系的隐喻力量，他将神话等同于意识形态。意识形态的目的是“使部分和特殊的事物具有普适性和合法性”（Storey，2006，p.3）[②]。巴特（Barthes，1977）指出：

① 在这里，需要注意作者表达的深层含义，即这种构建方式反映了语言和表达形式的选择性，这些选择性受到特定意识形态的驱动和限制。在这样的框架下，新闻报道——无论是事实还是被标记为“虚假新闻”的新闻——都不是简单地传递信息，而是通过特定的叙事框架来塑造受众对事实的看法和理解。因此，当报道被质疑或被标记为虚假新闻时，人们通常不仅仅对事实有争议，而且对如何解释和呈现这些事实有争议，这些争议深受个人和集体的意识形态偏见的影响。——译者注

② 在巴特的理论中，神话不仅仅是简单的故事，而且是一种通过符号系统（例如语言、图像、媒介等）来表达和固化特定社会价值观和信仰的工具。神话作为一种表达形式，通过将特定的观点、利益和价值观包装成看似普遍接受和“自然”的观点，从而掩盖了其背后的意识形态根源和特定利益。因此巴特所说的神话，实际上是一种强有力的意识形态表达，它通过隐喻和象征的力量，塑造我们对世界的认知和理解。——译者注

神话并不否认现实，相反，它的作用是探讨现实，简单地说，神话净化了现实，使其变得纯粹，变得清晰，这不是解释，而是陈述事实。（p.301）

在这里，巴特指的是神话如何被用来谈论一个主题，但只是为了捕捉所需的内容，而忽略那些可能使论点失去合理性的部分，并假定这一切都等同于事实。

从语言的视角来看，我们需要在语言可理解的普遍含义和语言中隐含的边缘性含义之间做出区分。例如，像“女医生”“非裔美国篮球运动员”“跨性别政治家”“素食男朋友”等短语，一方面通过明确标示“他者”被解放，而不是隐藏或掩盖它；另一方面又暗示与假定的“正常”或“优越”的他者之间可能存在的偏差关系。这一过程也存在于试图挑战或批评政治对手的网络模因中。

例如，“美国的转折点”（Turning Point USA）政治行动委员会就积极发布了一个图像宏模因，利用它来抨击竞选对手提出的福利社会主义政策，并将其等同于无知、固执己见的极左先锋派。其他相应的主题则包括对大政府的普遍不信任、对传统的呼吁，以及暗示种族主义并非真实存在，而是黑人对白人的侮辱等。

这是一个经典案例，它使用了斯特劳曼辩证法[①]来批评政治上左倾的人们。这类帖子的标签通常是“#socialismkills”或“#communismkills”。我的目的不是要为谁辩护或表明政治立场，而是要通过图片来展示模因是如何以一种迎合特定意识形态实践的方式重塑他人的。即使你认同这个模因，我也鼓励你做一点研究，调查一下这一模因的“言外之意”。值得注

① 斯特劳曼辩证法，也称为稻草人辩证法，源于哲学家彼得·斯特劳森（Peter Strawson）有关辩证法的阐释。指通过夸张和虚假的方式曲解对方的观点，以使自己在争辩时居于上风。——译者注

意的是，在“美国的转折点”模因下有大量的回复（超过 14000 个，其中 9300 个是赞、2600 张愤怒的脸、925 张惊讶的脸、789 张哭泣的脸、328 张笑脸、68 颗心 / 爱）和转发（超过 18000 次），相比之下，评论的数量相对较少（1135 条）。这表明，对模因做出反馈，使自己的身份和意识形态具体化，比起通过在网络中分享模因并将其作为一个话语单元来使用，更为重要和诱人。我们不妨了解一下，有多少人对这一模因在以特定方式做出反馈的同时也分享了它，以及他们是否也发表了与主题一致的评论。

在许多其他与“美国的转折点”相关联的模因中，“文本”只呈现出它在自身舒适圈内搭配的内容，但是同时，与“文本”关系紧张不适配的原创内容也会被暴露出来，并出现一系列逻辑谬误。在这一案例中，意识形态给了讨论他者一定的空间，“美国的转折点”委员会及其追随者将反对财富不平等视为他者的象征——他们同时展示了其所偏好的意识形态实践以及要对（假想的）受众使用的词语，并展示了对外团体[①]和边缘观点的态度，通过模因的使用，这些边缘观点或许会受到挑战和嘲讽等。换句话说，神话是一条双行道，无论你同意还是不同意，你都被困在意识形态的轨道上。

意识形态的另一个定义来自路易·阿尔都塞（Louis Althusser，2006），他将意识形态描述为一系列将人与世界或世界与人联系起来的信念和实践。个人根据特定的世界观来表达自己，不管这种世界观是多么的复杂或原始。此外，这种世界观的表达在很大程度上还取决于将我们与世界或社会制度等联系在一起的一系列信念、价值观和假设。

和齐泽克一样，阿尔都塞含蓄地借鉴了拉康（Lacanian）的精神分析理论来阐明意识形态。伊格尔顿（Eagleton，2008）为阿尔都塞提供了一个极好的解读方式，他在书中以第一人称写道：

---

① 外团体指社会学范畴中不受规范约束的、游离于主流之外或与相熟的人格格不入的群体。——译者注

> 仿佛社会对我而言不仅仅是一个无感情的结构，而且是一个“主体”，它亲自与我交流，认可我，告诉我，我是受重视的，正是通过这种被认可与重视等一系列行为，我成为一个自由、自主的主体。我开始感觉到，世界不是完全为我存在的，但似乎在很大程度上“以我为中心”，而我反过来也在很大程度上“以它为中心”。意识形态……正是我“体验”我与社会关系的真实媒介，是符号和社会实践将我与社会结构紧密联系在一起，并赋予我一种连贯的目的感和身份认同感。
>
> （Eagleton，2014，p.149）

斯道雷进一步解释说，“某些仪式和习俗具有将我们束缚在社会秩序中的作用”。斯道雷（Storey，2006，p.4）以“海边度假或庆祝圣诞节”为例，以反讽的口吻说明个人如何希望能够逃避特定的社会秩序，但结果是他们终究不可避免地回归了社会秩序。在阿尔都塞看来，意识形态的功能既不是掩盖现实的面具，也不是简单地通过文本表现世界，以便对一整套“作为事实的想法”表示认同并驯化民众。相反，更为深刻的是，它的功能是复制社会既定的假设条件，一定要使延续资本主义（或任何社会经济制度）所需要的条件保持下去，并迭代和递归地复制，以确保同一社会制度的持续存在。

阿尔都塞认为，在意识形态中，个体被社会干预（或呼唤、命名），在这种干预下的行动、思想、行为等不一定直接由意识形态引导或决定，而是由个人作为主体，通过在社会系统中与其他人进行互动和交流的结果引导或决定。在这个意义上，“我在过我的生活”或“这就是我”等被认为是正常的或不正常的、可能或不可能（就社会关系而言）的事物，是由干预个人主体的意识形态实践通过社会互动的复杂过程间接限制和定义。

在此基础上，我还要加上齐泽克对阿尔都塞观点的延伸，后者的作品大量借鉴了拉康式精神分析、马克思主义辩证法以及德勒兹和瓜塔里

（Deleuze and Guattari）的作品。齐泽克（Zizek，2009）摒弃了虚假意识的概念，并提升了阿尔都塞的概念，即将主体作为欲望的客体。齐泽克声称，欲望（总是）驱使人们在社会系统内与他人交往，社会系统本身深陷资本主义商品化和文化产品拜物化的泥潭，而文化产品与人的联系决定了社会关系的本质。对齐泽克来说，欲望的终极恐怖在于欲望被完全满足。

## 意识形态与网络模因

在本书中，我使用“意识形态”一词主要依据巴特、霍尔以及阿尔都塞和齐泽克的理论。虽然我审视了几种关于意识形态的观点，但我的目的是将网络模因与意识形态实践联系起来。将其联系起来的关键在于：生产模因本身就是为了表达某种意义，解释和理解模因及其意义的过程在事实上又意味着意识形态形成的过程。

关于模因，这里我主要指那些以特定的对社会、文化、政治、经济和/或相关现象的批评为主题的模因。关于“意识形态实践”，我着重强调阿尔都塞和齐泽克的如下观点：它带有人类主体与社会系统之间通过互动来传导、实施和生产的特征。[①] 这种自然地产生于人类主体和社会系统之间相互作用中的实践，形塑了吉登斯（Giddens，1984）所说的结构的二元性，或者更简洁地说，塑造了结构的本质。在下一章，我将更详细地阐述结构与网络模因的关系，只是在这一点上，强调意识形态在社会交往中的作用就足够了，因为它既是一种解放力量，也是一种制约力量，正如上文所述，它与话语并无二致。

网络模因作为一种研究对象是非常视觉化的，因为它倾向于依靠图像来传播特定的信息。所以，必须在符号学的框架内对视觉和语言意义的生

---

① 通过互动，个体不仅是社会结构的产物，同时也是这些结构的生产者和积极参与者，他们通过将模因作为文化产品来表达和塑造意识形态。——译者注

产（或流水线制造）进行讨论。其理论基础正是意识形态实践与意义建构之间的关系。

## 2.4　符号学

任何对意识形态的讨论或引用都可能带来对政治哲学和相关思想流派的潜在误解。在对网络模因的研究中，我必须把意识形态和符号学联系起来。为什么？如果我们把意识形态——同样类似于话语——理解为社会系统中既具有制约功能又具有解放功能的一种人类的互动过程，那就有必要理解在这一互动过程中意义是如何产生的。我的分析和后面我对网络模因在意识形态实践中的语境化探讨得益于研究符号学的几个视角。

符号学作为一门学科产生于费迪南·德·索绪尔（Ferdinand de Saussure）和查尔斯·桑德斯·皮尔士（Charles Sanders Peirce）的研究成果，它主要关注意义是如何在思想、客体和人群中建构的。具体来说，符号学是一种发展符号科学的理论方法，或者更恰当地说，是发展一种研究符号如何在社会关系中应用、表现和表达的方法。

然而，是罗兰·巴特将符号学的领域扩展到了包含特定话语的特有意义单元中。他的研究将符号学扩展到其他符号系统，如图像、非语言交流，甚至声音。翁贝托·艾柯对符号学领域贡献最大的可能是他对符号的阐释以及对有关符号学发展的解读。

符号学的核心是符号。对艾柯来说，符号类似于一种表达意义的手势或暗示，是“为了传达意图而产生的，也就是说，为了把一个人的表象或内心状态传达给另一个人”（Eco，1984，p.16）。从本质上说，艾柯在皮尔斯、索绪尔、雅各布森、格雷马斯（Greimas）、海姆斯列夫（Hjelmslev）等人研究的基础上提出，符号的效用在于它传递信息的功能，以及表达或表明一件可知事物的功能。有趣的是，布洛马特（Blommaert，

2015）断言网络模因（尽管他称之为病毒模因）应该被理解为与符号学的符号相同，坎尼扎罗（Cannizzaro，2016）也强调了这一观点。布洛马特（Blommaert，2015）强调，“符号的发布是为了在其发布的传播语境中‘表达不同的事物’，其效果将取决于对话者如何理解这一功能”（p.16）。然而，他更强调模因作为符号的“病毒性”，而不是文化经验和模因晕染意识形态实践色彩的能力。

我们必须区分自然符号和人造或约定俗成的符号。前者来源于自然界，而后者则是为了实现意义的标志化和意义生成而产生的。然而无论如何，符号都不能与代码或语言系统混为一谈。在艾柯（Eco，1984）看来，代码是一系列具有构成作用的规则，这些规则允许或促成了符号赋予意义的过程。[①] 对于符号、代码等是什么或不是什么，学界存在着一些分歧。例如，巴特（Barthes，1977）将符号学扩展到其他符号系统，如图像或非语言传播交流系统，这也被雅各布森（Jakobson，1960）定义为代码。无论内部存在何种分歧，将符号学应用于网络模因的研究，其目的都与意义的功能及其建构方式有关。一个特别有助于理解意义及其传播渠道或媒介的观点来自一个原本与符号学并无关联的人。

这个人就是传播学家马歇尔·麦克卢汉（Marshall McLuhan），他通过“媒介即信息”这句话简明扼要地表明，我们所选择的词语以及视觉表达的传播渠道必然会对信息产生影响。首先，这个短语表明人类对“媒介”的使用相当广泛，在这里我们必须时刻提醒自己，“媒介”这个词在这里指的是沟通传播的渠道（包括电子邮件、报纸、Twitter、视频游戏、电影海报、广告等），而不是新闻媒体。换句话说，人类利用大众传播技术在认知和社交领域获得了外部延伸。然而，这个短语还有第二层含义，即

① 这里艾柯的意思是，理解任何符号都需要一个相关的代码，这个代码定义了符号及其指代的对象之间的关系。不同的文化和语言系统会有不同的代码，这解释了为什么同一个符号在不同的文化中可能有不同的含义。——译者注

它与符号学的关联更紧密，特别是在线空间如模因这样的媒介传播形式涉及的符号学。关于这种媒介，也许最难以捉摸，但也最具争议性的是："媒介即信息"这一观点传达给我们的信息是"在特定社会的特定历史时期，用于传播的具有支配地位的媒介会影响所传播信息的内容"（Danesi，2010，p.138）。网络模因的普遍性不仅是道金斯模因原始概念的简单变异，更是数字文化体系支撑下人类与社会系统之间相互作用的一种表现。我认为，网络模因代表了麦克卢汉（McLuhan，1994）"媒介即信息"观点的发展方向，并且是一种与互联网技术发展潜力及特质一致的传播类型（Wiggins & Bowers，2014）。

## 符号学与网络模因

从某种意义上说，我们可以把网络模因看作与德里达（Derrida）的观点相关的、更抽象的概念的现实表征，即符号指向其他符号，而其他符号又指向更多的符号。此外，我们还可以把模因视为法兰克福学派以及后来的鲍德里亚概念的表征。换句话说，一种在使用媒介的过程中具有渗透性的文化会递归生产和再生产文本内容，以供（即时）应用。尽管存在快速应用和生产的可能性，网络模因却始终不会消失。正是由于数字文化和网络传播方式的这一固有优势，网络模因才有可能渗透到各种形式的话语中。

网络模因包含着一种符号学意义，这种意义本身与意识形态实践相关。当然，并不是所有的模因都有丰富的意识形态内涵，比如过时的神烦狗（doge）模因。然而，即使是神烦狗模因也可以被再创混编来传达与特定意识形态一致的符号学信息。网上大量出现的网络模因涵盖了从平凡、普通到崇高、有争议和 / 或挑衅性的各种话题，这正是对麦克卢汉"媒介即信息"进行再解读的结果：网络传播的结构以及人和信息的迅速交互意味着对吸引注意力的大量需求，因此，网络模因是一种完美的为在线观众（无论是现实中的还是想象中的）量身定制的传播类型。

但是符号学与意识形态是什么关系呢？为什么我们认为它们相辅相成？霍奇（Hodge，2017）认为，意识形态作为一个概念"对于以社会为导向的符号学来说是至关重要的，因为它确定了一个统一的对象，将复杂的意义与产生这些意义的社会主体和社会过程聚合在一起"。他的这一观点建立在包括俄罗斯语言学家瓦伦丁·沃洛希诺夫（Valentin Voloshinov）等人的研究成果基础之上，瓦伦丁·沃洛希诺夫主张所有意识形态系统的表征和意义传达都依赖于符号和象征。从马克思主义和语言哲学的视角，沃洛希诺夫（Voloshinov，1973）指出，"没有符号就没有意识形态……任何意识形态的东西都具有符号学价值"（p.9）。霍奇和克雷斯（Hodge and Kress，1988）还借鉴了葛兰西（霸权）和阿尔都塞（意识形态；质询）的观点，强调矛盾作为对所有意识形态观点都至关重要的构成要素的作用，并提出了以下定义：

> 意识形态复合体[①]，[作为]一组功能相关的互相矛盾的世界观[而存在]，由一个社会群体代表其特殊利益集团而强加给另一个社会群体，或由另一个社会群体颠覆性地提出，他们试图从自身利益出发进行抵抗。
>
> （p.3）

意识形态的功能是制约行为并按照主流模式或群体偏好的方向引导行为。这种对社会的看法植根于这样一个观点：虽然意识形态是一种现实经验，但它包括个人与其现实生活条件、经历等之间的想象关系。此外，按照阿尔都塞（Althusser，2006）的观点，意识形态比武力更有效地维护了统治权力。

---

① 这里的意识形态复合体揭示了意识形态如何在不同社会群体之间发挥作用，它不仅作为统治工具，也作为抵抗和改变的手段。由此可见意识形态不是简单的观念体系，而是一种动态的、矛盾的结构性力量，它在社会实践中不断地被重塑。——译者注

如果个人根据与其世界观相符的信念行事，并且对另一种世界观持有或明确或含蓄的异议，那么这种行为是通过之前使用提到的代码、规则和符号来实现的。无论是明确的还是含蓄的，某些特定的言论或表达都会成为他们行为的延伸，而这些行为本身又是由意识形态实践所定义的。换句话说，在口头或书面表达的过程中，个人在同意或不同意网络模因提供的信息时会做出特定的符号学选择。分享、点赞、评论、策划等行为也有助于促进意识形态实践。在本书的全部章节中，我都会提到意义生成的过程，以及某些互文引用的选择是怎样发挥引导网络模因建构符号的作用的。模因在数字文化中的话语权力的最后一个特征是互文性，我们将在下一节进行讨论。

## 2.5　互文性

关注“互文性”一词的起源很重要。克里斯蒂娃（Kristeva，1980）引入互文性是为了将索绪尔的符号学（具体来说，就符号如何在既定文本的结构中获得意义而言）与巴赫金（Bakhtin）的对话论（巴赫金的对话论认为，一种持续的对话存在于与其他文学作品和其他作者的关系中）联系起来。对克里斯蒂娃来说，互文性意味着特定文本并不作为一个独立或封闭的单元或系统而存在。

网络模因不可能离开与其主体相关的其他因素而存在。例如，模因“阴阳魔界特朗普”就证明了这一点，而且这种证明不需要词汇文本。这个模因描绘了《阴阳魔界》（*The Twilight Zone*）其中一集的场景：一个满脸愁容的男人坐在飞机的机舱里绝望地看着观众，以回应一个从外面窥向飞机的所谓的“小魔兽怪物”。只需选择一个能替换掉怪物的具有意识形态动机的形象——比如唐纳德·特朗普总统——并植入其中，一种互文关系、一个新的模因就被创造出来了（Wiggins，2017b）。然而，在这种互文关系中，存在着有意通过符号选择来建构意义的意识形态实践，也许其中最重要的还是确保建构的意义能够最大化地易于理解，无论是针对大众还是小众。

## 互文性与网络模因

以往的研究将网络模因与互文性的讨论联系起来，往往倾向于强调模因中具有更明显互文性信息的案例。例如，希夫曼（Shifman，2014）认为互文性是“与《星球大战》等文本相关的附加意义层……增加了信息的复杂性和模糊性”。（p.150）然而，像《星球大战》这样的文本本身就是互文性的。如果简单解释一下这一点，《星球大战》就是一个很好的再创混编例子：从现有的内容中获取素材，重新进行包装，使其以一种新的方式呈现出来以供进一步分享。

乔治·卢卡斯（George Lucas）在创作《星球大战》的主要故事时，有意采用了约瑟夫·坎贝尔（Joseph Campbell）的神话，即“英雄之旅”。此外，卢卡斯还借鉴了日本导演黑泽明（Akira Kurosawa）的武士电影来表现绝地武士使用光剑进行战斗的场景（Kaminski，2008，p. 46）。《星球大战》本身就是互文性的，因为与它的电影特征相关的各种创作发展得非常广泛，所以它具有可以直接自我引用、与前传电影以及迪士尼收购后的新电影相比较的典型性，更不用说《星球大战》的各种动画和印刷版本了。

这里的关键在于，不应将互文性仅仅理解为文本互相之间的单一联系，和为了单一目的而添加意义的行为特质。相反，互文性是有目的的、不可避免的、无处不在的。将个别文本在意义建构过程中引用其他文本看作互文性，对我们理解互文性并不那么有用。相反，所有文本都是互文的，包括对其他内容的引用、对前人作品的引用、典故、恶搞、模仿拼凑等，都渗透在所有文本中，这一点对于作为网络传播类型的网络模因尤为重要和适用。

在接下来的章节中，我们将运用安东尼·吉登斯的研究成果（即结构化理论）来分析网络模因类型的发展模式。在本书的个别地方，我偏离了自己对网络模因相当僵化的类型发展思路，转而从更广阔、更以社交媒体为中心的视角来看待现代文化中的模因。

## 参考文献

Althusser, L. (2006). Ideology and ideological state apparatuses (Notes toward an investigation). In M. G. Durham & D. M. Kellner (Eds.), *Media and cultural studies: Keyworks* (pp. 79 - 87). Malden, MA: Wiley-Blackwell.

Barthes, R. (1977). *Image-music-text*. London: Fontana.

Benveniste, E. (1966). *Problems of general linguistics* (M. E. Meek, Trans.). Miami: Miami University Press.

Blommaert, J. (2015). Meaning as a nonlinear effect: The birth of cool. In T. Lillis (Ed.), *Theory in applied linguistics research: Critical approaches to production, performance, and participation. AILA Review* (Vol. 28, pp. 7 - 27). John Benjamins Publishing Company.

Cannizzaro, S. (2016). Internet memes as internet signs: A semiotic view of digital culture. *Sign Systems Studies, 44*(4), 562 - 586.

Danesi, M. (2010). Semiotics of media and culture. In P. Cobley (Ed.), *The Routledge companion to semiotics* (pp. 135 - 149). New York: Routledge.

Eagleton, T. (2008). *Literary theory: An introduction* (Anniversary ed.). Minneapolis, MN: University of Minneapolis Press.

Eco, U. (1984). *Semiotics and the philosophy of language.* Hong Kong: Macmillan.

Foucault, M. (1989). *The archaeology of knowledge.* London: Routledge.

Giddens, A. (1984). *The constitution of society: Outline of the theory of structure*. Berkeley: University of California Press.

Hall, S. (1980). Encoding/decoding. In S. Hall, D. Hobson, A. Love, & P. Willis (Eds.), *Culture, media, language* (pp. 128 – 138). London: Hutchinson.

Hodge, R. (2017). Ideology. *Semiotics Encyclopedia Online*. Retrieved from https://semioticon.com/seo/I/ideology.html#.

Hodge, R., & Kress, G. (1988). *Social semiotics*. Cambridge: Polity Press.

Jakobson, R. (1960). Closing statement: Linguistics and poetics. In T. Sebeok (Ed.), *Style in language* (pp. 350 – 377). Cambridge: MIT Press.

Jenkins, H. (2009). *Confronting the challenges of participatory culture: Media education for the 21st century*. Cambridge: The MIT Press.

Kaminski, M. (2008). *The secret history of Star Wars: The art of storytelling and the making of a modern epic*. Kingston, ON: Legacy Books. Retrieved from http://www.legacybookspress.com/Books/The%20Secret%20History%20of%20Star%20Wars%20–%20Free%20Sample.pdf.

Kristeva, J. (1980). *Word, dialogue, and novel. Desire in language: A semiotic approach to literature and art* (T. Gora et al., Trans.). New York: Columbia University Press (Original work published 1977).

Macey, D. (2000). *Dictionary of critical theory*. London: Penguin Books.

Marcuse, H. (1964). *One-dimensional man*. London: Routledge & Kegan Paul.

McLuhan, M. (1994). *Understanding media* (Reprint ed.). Cambridge: MIT Press.

Miller, V. (2011). *Understanding digital culture*. Thousand Oaks, CA: Sage.

Shifman, L. (2014). *Memes in digital culture*. Cambridge: MIT Press.

Storey, J. (2006). *Cultural theory and popular culture* (4th ed.). Harlow: Pearson.

Voloshinov, V. (1973). *Marxism and the philosophy of language* (L. Matejka & I. R. Titunik, Trans.). New York: Seminar Press. (Original work published 1930).

Wiggins, B. E. (2017a). Navigating an immersive narratology: Fake news and the 2016 U.S. Presidential campaign. *International Journal of E-Politics, 8*(3), 16 – 33. doi:10.4018/

IJEP.2017070101.

Wiggins, B. E. (2017b). Digital dispatches from the 2016 US election: Popular culture, intertextuality and media power. *International Journal of Media & Cultural Politics, 13*(1 - 2), 197 - 205.

Wiggins, B. E., & Bowers, G. B. (2014). Memes as genre: A structurational analysis of the memescape. *New Media & Society, 17*(11), 1886 - 1906. doi:10.1177/1461444814535194.

Williams, R. (1975). *Television: Technology and cultural form*. New York: Schocken Books.

Zizek, S. (2009). *The sublime object of ideology* (2nd ed.). London: Verso.

# 第 3 章　作为类型的模因 ①

1735 年，法国艺术家约瑟夫·迪克勒（Joseph Ducreux）出生。以画肖像画闻名的迪克勒被封为男爵，并被玛丽·安托瓦内特王后（Queen Marie Antoinette）任命为首席画像师。1793 年，迪克勒完成了他的自画像《伪装成知更鸟的艺术家自画像》（Portrait de l'artiste sous les traits d'un moqueur）。画像中，法国贵族迪克勒身穿棕色外套、戴着黑帽子，得意地笑着，指着受众。

将时间的指针快进大约 300 年，你会在 Reddit 和 Facebook 页面上看到迪克勒的这幅肖像画，这时它是一个已经有了重大改变的图像宏（在流行文化中，图像宏被理解为带有标题文本的图像）。现在，这幅肖像画包含了流行摇滚歌词，这些歌词被改变成古老的说唱词句。例如，肖像画上覆盖着"Gentlemen, I inquire who hath released the hounds?"（先生们，我想知道谁放出了猎犬？），这是对流行歌词"Who let the dogs out?"（谁放出了狗？）的改编。自 2009 年第一次作为图像宏出现以来（Knowyourmeme.com，2013a），这一肖像画已经被改编数百次，并通过社交媒体广泛传播。2011 年，肖像画中迪克勒的脸换成了演员史蒂夫·布西密（Steve Buscemi）的脸，并加上了对布西密出演的电影《谋杀绿脚趾》（*The Big Lebowski*）中台词的古老诠释。

① 本章的大部分内容最初发表在《新媒体与社会》上，收入本书时已获得授权。见 Wiggins, B.E. 和 Bowers, G.B.（2014）. Memes as genre: A structurational analysis of the memescape. *New Media & Society*, 17, 1886 – 1906. doi:10.1177/1461444814535194。

迪克勒的图像宏集中体现了模因产生、发展和改编的复杂性。模因演变的基础是它从一种单独的人工产物发展到一个成熟的类型，这是一个自带规则和惯例的类型，这些规则和惯例源于后现代主义者对象征和再生产的理解，以及在数字文化实践中表现出的用户 / 生产者二元对立的模糊化。

接下来，网络模因类型的发展模式以改编和传播为重点。本章的目的是描述一个单一迭代的文化产物是如何转变成一个成熟的类型的。利用安东尼·吉登斯的结构化理论[①]，我分析了两个模因——“心不在焉的男友”（Distracted Boyfriend）和“世界上最有趣的人”（The Most Interesting Man in the World），并将它们置于当前的媒介环境中，追溯它们作为一种类型的发展过程。

## 3.1 数字文化的人工产物

网络模因作为参与式数字文化的人工产物而存在。出于三个原因，将网络模因视为人工产物对理解网络模因是有帮助的。首先，模因作为人工产物具有虚拟的物质性，这意味着网络模因既是可认知的，也是数字的。也就是说，虚拟物质性是一个看上去似乎矛盾的概念，但它揭示了模因作为人工产物既存在于人类思维中也存在于数字环境中。模因的递归生产、应用和再生产既体现了它们在参与式数字文化中的重要性，也凸显了它们的虚拟物质性。其次，模因作为人工产物还凸显了其在新媒体场景中的社会和文化作用。一个从文化视角观察的人工产物会透露出创造和使用它的相关文化信息（Watts，1981），而从社会视角观察的人工产物则让我

① 结构化理论是由英国社会学家安东尼·吉登斯提出的，旨在解释社会实践与社会结构之间如何相互影响。斯通斯对这一理论进行了进一步的发展，尤其是在如何理解行动者（即主体或曰个体或集体）与社会结构之间的相互作用和依存关系方面。——译者注

们可以了解创造它的个体或群体的社会行为（Wartofsky，1979）。也就是说，模因作为一种人工产物，在被生产、再生产和转变以重建其所在的社会系统的过程中，同时具有文化和社会属性。从实践意义上说，当参与式数字文化的成员利用模因创造的规则及聚合的资源，在特定模因的进一步迭代中对其进行再生产时，模因所在的社会系统就被重新建构了。换句话说，社会系统了解如何创造模因，而模因的再创混编或再生产可能还会激发特定时间内特定模因的持续生产。最后，将模因视为人工产物凸显了参与式数字文化成员对模因有目的的生产和应用。以上三个原因（虚拟的物质性、社会和文化的联系、有目的的生产和应用）着重说明了模因是一种人工产物，但同时其也与结构的二元性直接相关（Giddens，1984），这意味着行动主体和社会系统之间相互作用。在展开讨论之前，谨慎的做法是仔细考虑是什么构成了模因的类型，以及它与网络模因的关系。在我将模因作为类型进行分析之后，我将借鉴吉登斯（Giddens，1984）的结构化理论分析基于图像和视频的模因。

## 3.2 类型

与传统上有关类型[①]的概念不同，这里的类型指一种文本（或话语）的构成以及文学上一种重复的实践活动，它是激发和改变人类文化动机的一系列动态行为。从这个意义上说，模因作为一种类型，不仅是人类传播交流需要遵循的公式，而且代表了复杂的社会动机和系统的文化行为，它既是传播交流的结果，也是传播交流的推动力。因此，类型是理解文化的核心。巴泽曼和罗素（Bazerman & Russell，2003）认为，类型本质上是“人类创造的，如话语、文本、铲子或交响乐。我们不应将重点放在这些

① 传统上的类型是指由重复的形式和文学手法构成的文本或话语。——译者注

独立的‘客观事物’上，而应放在‘生产和使用它们的行为’上”（p.1）。换句话说，重要的不是这些产物本身，而是它们所表现和推动的行为和实践。

坎伯利斯（Kamberlis，1995，p.141）指出，类型，或者更准确地说，人们使用类型来表达话语、意义等的创作方式，必然涉及其构成元素、主题内容和话语实践。在涉及将类型作为理解文化的手段时，米勒（Miller，1984，p.165）指出，类型是文化模式的索引。在此，我们不妨将“索引”一词与霍尔关于意义生成的话语和 / 或意识形态实践中的“代码”概念进行比较，其中牵涉到的生成意义的实践能力既是解放性的，也是制约性的。为了进一步阐释我在前一章对文化和话语的思考，我假定文化是一种生活体验，意味着人们必须使用一种体验方式，如类型，来理解他们居于其中的社会结构，而这种体验方式即使不具有限定性或确定性，也会在一种特定的条件下具有某种构成性作用。这意味着类型并非固定不变。

坎伯利斯（kamberlis，1995，p.140）提醒我们，“当类型发生变化时，意识形态和实践也会发生变化”。然而，作为在文化中表达观点的一种方式，为了生产和理解意义，类型也必须具有一定程度的稳定性。坎伯利斯回忆托多罗夫（Todorov）在这方面的说法：

> 在一个特定社会中，某些话语属性[①]的反复重现已被制度化，个体文本的创作和认知理解与由编码构成的规范相关。无论是文学性的还是非文学性的，类型都是具有话语属性的编码。
>
> （Todorov，1990，pp.17 - 18，in Kamberlis，1995，p.124）

① 话语属性（discursive properties），特指文本或语言交流中固有的特征，这些特征帮助构建和传达特定的意义和信息。话语属性可以包括语言的结构、使用的符号、常见的主题、风格和惯例等。这些属性共同定义了某种特定类型的交流方式，使其具有辨识度和一致性。——译者注

此外，将模因视为一种传播类型，可以使它们变得客观化，并成为可以被研究、评估的对象，同时它们展示的意识形态实践也可以被解构。这样做有助于我们将视线集中在引发这些模因产生及其传播的行为、信仰、假设等方面。

## 3.3 走向模因的类型发展：结构化理论

吉登斯的结构化理论被用来分析群体传播（Poole，Seibold，& McPhee，1996；Waldeck，Shepard，Teitelbaum，Farrar. & Seibold，2002）、电子商务（Pavlou & Majchrzak，2002）、公共关系（Falkheimer，2009）和技术（Orlikowski，1992，2000）等。它被德桑克蒂斯和普尔（DeSanctis & Poole，1994）修改为适应性结构化理论。它也受到了阿切尔（Archer，1995）的批评，阿切尔反对吉登斯坚持的行动主体和结构是一种二元对立[①]的观点。而斯通斯（Stones，2005）试图重新配置结构化理论的核心概念，如行动主体和结构。

结构化理论建立在诺伯特·埃利亚斯（Norbert Elias）、皮埃尔·布尔迪厄（Pierre Bourdieu）、欧文·戈夫曼（Erving Goffman）以及其他社会学理论家如涂尔干（Durkheim）等人的理论基础之上（Giddens，1979，1984）。它是对帕森斯（Parsons，1951）在《社会系统》（*Social*

① 二元对立（duality of structure）是指结构与行动之间的关系。在吉登斯的理论中，结构既制约着行动者的行动，也是行动者行动的结果。社会结构不是一个独立于人类活动之外的实体，而是通过个体的实践不断被再形塑和改变。行动者在其行动中使用结构，而这些行动又持续地维持或修改了这些结构。因此，结构与行动相互依赖，它们在社会实践中形成一种动态的循环。这种观点突破了传统社会学中将结构和行动视为对立面的做法，提出了一种更为动态和相互作用的理解方式。用在本书中，结合互文性分析，则可揭示网络模因正是在这种动态和相互作用的语境中形成的。——译者注

*System*）一书中提出的行动者—系统理论的批判性回应。《社会系统》认为规则产生结构，并制约系统变革的能力。正如戈夫曼（Goffman，1956）之前所认为的那样，吉登斯将语言视为一种“自我封闭的现实，[其中]意义与现实世界中的实践活动紧密相连”（Tucker，1998，p.79）。吉登斯认为，社会行动与规则和实践的创造直接相关，这些规则和实践递归地构成了社会行动发生的结构。在结构化理论中，行为主体和结构仅在分析层面上是分开的，实际上却比隐喻中硬币的两面关系更紧密。吉登斯将这二者视为一种互动的递归关系，这种关系涉及规则、资源、社会实践和系统（Giddens，1984）。

### 3.3.1　结构和系统

结构化理论试图理解个体及其行动与社会结构之间的相互作用（Giddens，1984，pp.3－27；Orlikowski，2000）。对吉登斯来说，结构就是规则、资源、任务和标准。“记忆痕迹”通过这些具体的规则和资源嵌入系统形式中（如组织和群体文化、知识和技能）。韦伯斯特（Webster，2011）将原本抽象的结构定义修改为“宏观日常生活层面的结构，如语言、日常工作和休闲、技术和制度等”（p.47）。例如，我们以语言和新媒体为资源，将可传播媒介重新包装为参与式数字文化中的模因，由此我们就能理解为什么吉登斯将系统定义为由行动主体之间递归再生产的行为所促成的规范化社会实践。当个人在参与式数字文化中不断互动时，结构化理论揭示了个体行为与作用于模因创作的资源之间的递归关系。之所以认为这种关系是递归的，主要是因为模因作为一种类型类似于参与式数字文化成员之间的一种持续性对话，这种持续对话表现了系统和结构融合的结构化过程，即通过结构的使用或应用来维持系统的过程。

### 3.3.2 结构的二元性

行为主体与结构的互动表现了一种相互构成的二元性。[①] 结构化理论表明，行为主体不断地生产、再生产和改造着社会制度（吉登斯将其理解为“结构”）（Cho & Lee，2008；1979；Orlikowski，2000）。同样，参与式数字文化的成员可以递归地生产模因，从而“共同再生产社交世界”（Webster，2011，p.45 ），这正是因为可用于模因再创混编、迭代和快速传播的规则和资源是新媒体环境所独有的。

在结构的二元性中，作为社会和个体存在的交汇点，模因是在线上由社会和个体共同塑造的参与式数字文化的人工产物，这一人工产物在被塑造的过程中，社会结构发起社会行动，同时，社会行动也引领社会结构产生变化。从迪克勒模因可知，参与式数字文化的成员分享着进一步迭代产生的模因，同时还能够认识到如何创造另一个迭代模因，由此循环往复。模因生产中核心内容的持续保持正是这种相互作用的二元性的一种表现：在有助于重建结构二元性的递归行为中，模因得以传播。模因是由参与社会实践的主体在规范化的实践过程中塑造的，这些主体递归地重构了社会结构，反过来又使得进一步的模因创造成为可能——只要实践需要。在结构化过程中，规则作为结构的组成部分不是一成不变的（Giddens，1979，p.104）。因此，正如我们所知晓的，我们已经看到模因在线下空间的展示，如在营销和广告活动（将在第 5 章更详细地讨论）中，模因在杂志、电子游戏、儿童书籍、电影等不同媒介形式中广泛传播。换句话说，我们发布模因的平台很容易改变，这往往与“作为类型的模因”的特质密切相关。

---

① 主体（agent）和社会结构之间不是单向的影响关系，而是双向的、动态的互相影响的关系。主体通过他们的行为和决策塑造社会结构，而这些结构反过来又影响主体的行为和选择。——译者注

### 3.3.3　维护、阐释、修改：模因类型的发展模式

巴利和托尔伯特（Barley & Tolbert，1988，p.9）提出，“塑造既定社会制度的三种模式——维护、阐释和修改——可以用来理解类型的生产和再生产”（Yates & Orlikowski，1992，p.306）。当个体进行交流时，有一系列的工具或媒体可供其选择，以对信息进行编码、传输，并等待回应。耶茨和奥利科夫斯基（Yates & Orlikowski，1992）认为，类型是一种社会机制，在个体交流时生产、再生产和/或转变，从结构化的视角来看，模因是在由话语组成的在社会结构中运作的信息。

我的观点是，网络模因遵循一种以维护、阐释和修改为特征的类型的发展规律。在结构化术语中，当个体遵守创建类型的规则而不改变类型时，就会实现对现有类型的维护。此外，当新的情况出现，需要对类型的现有规则稍做调整时，个体就可能会对现有的类型规则进行阐释。最后，当新的情况出现，要求在很大程度上不断偏离现有的类型规则时，个体就会选择修改类型。对于模因来说，其类似的发展模式也遵循着这一规律。

模因是在线传播的一种类型，而不是一种媒介，它是专门以应用—生产机制为特征的参与式数字文化的人工产物。正如巴赫金和梅德韦杰夫（Bakhtin，Medvedev，1985）所指出的，“每一种类型都有明确的选择原则、明确的观察现实、给现实界定概念的框架，以及明确的洞察广度和深度”（p.131）。坎伯利斯（Kamberlis，1999）进一步阐述了这一点，他承认各种文本的生产、再生产、传播和接收都是根据它们的类型来进行的。正如米尔纳（Milner，2012）所指出的，“模因是流行文化的人工产物，（因此）它们可以洞察‘日常’媒介文本如何与公共话语交织在一起”（p.9）。

网络模因作为可传播媒介以维护模式开始，这一术语借用了詹金斯

（Jenkins，2009）的说法，但在这里做了修改，指个人可以选择更改并再次传播的数字媒介内容。没有可传播媒介，模因就无法作为一种传播类型存在。正如卡特和阿罗约（Carter and Arroyo，2011）所解释的那样，可传播媒介意味着可以通过社交网络进行渗透。一旦个体改变了可传播媒介，它就会进一步发展成为一种新兴模因。最后，经过再创混编、模仿（Milner，2012；Shifman，2012）以及在网络空间的快速扩散（Shifman，2013），新兴模因成为当前网络传播中的“网络模因”。

### 3.3.4 可传播媒介

未经修改而使用的多媒体信息属于可传播媒介，它不限于网络空间，而是具有广泛传播分发的能力。作为可传播媒介的一个具体例子，我们可以关注一下《复仇者联盟：无限战争》（*Avengers: Infinity Wars*）的电影预告片。在这个例子中，我使用的是漫威影业于 2017 年 11 月 29 日上传至 YouTube 网站的预告片。然而，值得注意的是，电影预告片确实能激发人们的参与热情。人们只需上传自己观看预告片的视频，即可展示自己的反应（通常是情感上的）。在这个例子中，可传播媒介只是表明，作为受众的个体在这种情况下，可以传播预告片以进一步分享信息，从而增强观看预告片所带来的体验。作为可传播媒介的一个例子，《复仇者联盟：无限战争》预告片是以观看和分享为特征的应用行为来维持的，其间没有发生任何变化，它仍然是可传播媒介。在撰写本书时，该预告片的观看量已超过 2 亿次。然而，一旦可传播媒介被改变，它们就会在阐释模式[①]中出现。

视频模因从电视新闻，即用户生成的视频发展而来，并上传到 YouTube 等网站，正如希夫曼（Shifman，2014b，p.4）指出的那样，“几

---

① 即变化为新兴模因的模式。——译者注

乎每一个重大公共事件都催生了一系列模因”，从而引发了一场对模因更深含义的讨论。为了分析和解决模因作为类型的问题，我们将讨论两个例子，即“心不在焉的男友”和“世界上最有趣的人”。

### 3.3.5 新兴模因

当可传播媒介被改变、再创混编、恶搞之后，它们就变成了新兴模因。它的特点包括可引发病毒式传播和由参与式数字文化成员促成一定程度的流行。然而，新兴模因与通常所说的网络模因不同，它是被改变的可传播媒介，而并没有作为单一作品被进一步迭代和再创混编。当知名度、流量随着模因被改编达到临界点时，再创混编或修改的作品就变成了独立的作品而非复制品（尽管模棱两可，但应该将其理解为对一种持续现象的理论解释）。下面将阐释新兴模因的重要性。

一些被改变的可传播媒介可以作为新兴模因保持不变。例子可能包括 Bad Lip Reading[①]，Rage Comics（暴走漫画）和网站 http：//www.ytmnd.com（你现在很厉害了，老兄！）。还有一些新兴模因被再创混编、迭代和进一步发布，由此成为网络模因。伯吉斯和格林（Burgess，Green，2009）、克诺贝尔和兰克希尔（Knobel，Lankshear，2007）、米尔纳（Milner，2012）和希夫曼（Shifman，2014a，b）主要讨论了幽默的或曰对政治或社会不具有批判性的模因。然而，“新兴模因”这一概念还包括对可传播媒介的颠覆性和/或反主流文化的阐释。反主流文化和颠覆性的社会化信息基本上都来自文化干预和颠覆性广告（subvertising），这些社会化信息正是新兴模因。将它们纳入本研究是因为，基于“新兴模因”这一定义，新兴模因是一种被改变的可传播媒介，表征了网络模

① 简写为 BLR，是一个受欢迎的 YouTube 频道，以其为电影、体育和政治事件的场景配音和幽默对话而闻名。——译者注

因类型发展研究中的一种阐释模式。[①]文化干预是对已知图像（如企业标识）的再创混编或重新利用，并输入对主流商标和标识的批判性观点。颠覆性广告是颠覆（subversion）和广告（advertising）两个词的合成词，是一个与文化相关的概念，旨在通过故意颠覆原有广告来引发人们的认知失调——这种颠覆通过添加带有政治动机的批评或讽刺的同时保留广告中最具辨识度的元素来实现。从历史发展轨迹来看，这两个术语都是"颠覆"（détournement）的变体，"颠覆"（détournement）是情境主义国际[②]支持的策略，是居伊·德波（Guy Debord，1967）提出的一个概念。确实，新兴模因是进行文化干预和类似颠覆活动的理想工具，因为它强调受审对象或观念的浓缩可视化。

文化干预与其他模因如Rage Comics、http：//www.ytmnd.com或BLR的区别在于，这种改变背后有着明确的社会和/或政治意识网络。这些干预行为背后通常有一个明确的目的，即通过改变广告或其他媒体内容来传达某种社会或政治信息。我们或被文化干预中的新兴模因所欺骗。我们从"广告克星"网站（Adbusters.org）上看到被劫持的汤米·希尔费格（Tommy Hilfiger）或"痴迷女士"（Obsession for Women）香水广告，意识到其形式只是一种广告，但我们同时会觉察到这些广告被再创混编，

① 这里强调新兴模因的概念不仅包含简单的内容传播，而且涉及对现有媒体和文化内容的深入修改和重构，或曰阐释。通过这种方式，新兴模因在模因类型的发展过程中扮演了推动创新和批评性对话的角色。它们通过颠覆性和创造性的方式重新解释和质疑文化的建构，从而在数字空间产生影响力，促进了更广泛的社会和文化反思。同时这些模因能够引发思考和讨论，成为互联网传播形式中的转换中介，即从可传播媒介转向网络模因。——译者注

② 情境主义国际（SI）是一个由前卫艺术家、知识分子和政治理论家组成的国际社会革命者组织。该组织1957年成立，1972年解散，主要在欧洲具有显著影响。情境主义国际在20世纪60年代的激进政治和文化运动中扮演了重要角色，特别是在1968年法国"五月风暴"期间。情境主义国际由居伊·德波和其他志同道合的思想家创立，深受马克思主义和无政府主义理论的影响，专注于批评和推翻他们所认为的"景观社会"。这是德波创造的一个概念，用来描述被媒体和商品化表象取代的社会。

变成了具有颠覆性的或反主流文化的、具有社会批判性的信息。文化干预中的新兴模因与BLR的不同，因为BLR是一种固定的模仿，它是通过对特定电影预告片、政治演讲等内容的一次性修改定义的，并且之后也不会进行进一步的修改或再创混编。罗恩·英格利什（Ron English）试图通过他的波普艺术作品《流行宣传》（Popaganda）将文化干预专业化，这与BLR一次性改变知名产品或企业标识方面的修改类似。他对精英文化和通俗文化的再创混编同样欺骗了受众，就像“广告克星”的例子一样。

可以说，对其他一些可能更受欢迎的新兴模因而言，如果不将有关文化干预的信息放在中心位置，它们在大多数情况下都是以轻松和幽默为特点。尽管将所有新兴模因都归为幽默的模因是不明智的，但是在再创混编可传播媒介时，似乎存在着一种追求轻松风趣的元素。

新兴模因的核心是改变，这种改变缘于可传播媒介的属性以及用于访问这些媒介的技术，这些技术鼓励个体将可传播媒介转变为新兴模因。新兴模因的存在是数字文化作用的直接结果，从可传播媒介到模因的发展，是主体实践和结构之间动态互动的一种表现，也是结构化理论的核心。

### 3.3.6 网络模因

当参与式数字文化的成员通过对新兴模因的模仿、再创混编和进一步迭代之后生产出新的模因，新兴模因就成为网络模因。模因在网上迅速传播，尤其是通过在线社交网络。被模仿的模因通过迭代创造新的模因，持续推动类型的循环发展。详细阐释和修改之间看上去几乎没有差异，但如果不通过有意的模仿、迭代和快速传播等突破性行为，这种差异将永远存在。[①] 如我们之前提到的，鉴于模因在当代数字社会中的普及性，其类型

① 在模因的创造和演化过程中，新的模因通常是在现有内容的基础上经过微小的改变和创新产生的。但是，要从一个简单的改动转变为广泛接受和流行的模因，需要通过有意的努力创造和迅速的信息传播，这一过程中的创新和传播是模因发展的关键。——译者注

的发展也可能会显得比较僵化。然而，我认为从发展的角度看待模因有助于确定它们在话语中的位置和作用。下一节将介绍根据类型发展进行分析的模因。

## 3.4 “心不在焉的男友”

作为一种类型发展的模因，“心不在焉的男友”一开始是以可传播媒介的形式出现的，它最初是摄影师安东尼奥·吉列姆（Antonio Guillem）于2015年拍摄的一张照片，吉列姆将其上传到iStock图片库网站（Knowyourmeme.com，2017）。该照片显示，这对麻烦缠身的情侣最终分手了，但两个年轻女孩却成为朋友，并开启了浪漫的恋情。后来奈杰尔·法拉奇（Nigel Farage）在其Facebook页面上对该模因进行了再创混编，以表达对英国脱欧的看法以及表明意大利退出欧盟可获得潜在利益。原照片的标题是“不忠的男人和他的女友一起盯着其他女孩”，互联网用户将其精简为“心不在焉的男友”。2017年，一个名为“Prog Düşmanlarına Verilen Müthiş Cevaplar”的土耳其Facebook页面截取了此模因并将其改编为“心不在焉的男友”。

“心不在焉的男友”这个模因中插入的文字可能起源于土耳其的Facebook页面，其发布于2017年1月30日。它的用途是站在前卫音乐家的立场批评流行音乐，比如批评菲尔·柯林斯（Phil Collins）[①]的音乐，他因此在再创混编的素材图片中被描绘成这个“心不在焉的男友”。该模因通常是这样的：一名年轻男子与一名被认为是他女朋友的年轻女子牵手散步，然后转过身去看另一名女子，而她正走过这对情侣，朝受

① 菲尔·柯林斯是英国一位音乐家、歌手、词曲作者和演员，最著名的身份是摇滚乐队Genesis的鼓手，后来成为该乐队的主唱。他在20世纪80年代开始了个人的音乐生涯，并因演唱流行歌曲而成名。——译者注

众走来。

“心不在焉的男友”形象已经发展成有多种用途的模因子类型，被称为“对象标签”（object labeling）。通常，图像的符号功能利用图像中个体的凝视来讲述一个简短的故事，往往附有文字，或者根本没有文字。另一个例子见本书第 4 章。该模因没有使用文本，而是使用了加泰罗尼亚的“国旗”和西班牙的国旗，以及四面楚歌的政治家卡尔斯·普伊格德蒙特（Carles Puigdemont）的头像，以批评他在 2017 年加泰罗尼亚独立运动期间离开西班牙前往比利时的决定。无论具体情况如何，图片中年轻男子饶有兴趣地看着另一个女人的原因可能也是由于文化上的假设，即男性比女性更容易不忠。有趣的是，拍摄这张照片的摄影师后来上传了一张类似的照片，照片中的性别角色颠倒了。在这个例子中，一个年轻人的女朋友正目不转睛地看着前景中另一个年轻男子。“心不在焉的男友”模因的起源可能纯属偶然，但我怀疑上面提到的文化假设或许具有更大的传播显著性，因此通过迭代再创混编的模因，其在创造新叙事方面更奏效。

## 3.5　“世界上最有趣的人”

“他是世界上最有趣的人”，这是全球营销公司 Euro RSCG Worldwide 在 2006 年一次成功的创新广告活动中对其中一个角色的介绍（Knowyourmeme.com，2013b）。在这一广告中，美国演员乔纳森·戈德史密斯（Jonathan Goldsmith）扮演了“世界上最有趣的人”，这个角色在广告中进行各种自我夸大，由此赢得了广泛的知名度。其中他说的一句话后来被参与式数字文化成员再创混编成了“我不怎么喝啤酒，但当我喝的时候，我偏爱 Dos Equis 啤酒——保持口渴，我的朋友们”。后来在 2007 年到 2009 年之间的某个时刻，首次出现了以戈德史密斯的角色为特征的图像宏模因。这些模因省略了购买 Dos Equis 啤酒的呼吁，但保留了自我夸大的引用特点。这一从广播电视到图像宏模因的突破表明，作为可传播媒介的电视商业活动引发了参与式数字文化成员的反应。这是一个从可传播媒介发展到新兴模因，然后几乎又迅即发展成网络模因的例子。很难确定这一可传播媒介是何时出现的，但是显然参与式数字文化的成员很可能更容易将电视广告再创混编为图像宏。有了图像宏模因，人们能够快速重新开启正在进行的对话，并通过更多相关的图像宏模因来为对话作出贡献，在此过程中再创混编该模因的用户大多遵循了固定短语模板："我不总是做 X，但当我这样做时，我会做 Y。"

## 3.6　网络模因语境的结构化

通过对两个特定模因（即"世界上最有趣的人"和"心不在焉的男友"）进行研究，可以看到从可传播媒介、新兴模因到网络模因的发展过程。在这一过程中，我们选择的"世界上最有趣的人"这一案例是从视频开始的，然后以图像宏的形式作为子类型保持了其内核的稳定；而"心不在焉的男友"这一模因一开始就是图像宏模因，它倾向于将注视方向作为理解符号的植入和整体意义建构的一个构成元素。表 3.1 简要介绍了这一递进的模式。

**表 3.1　网络模因的类型发展**

| | 可传播媒介 | 新兴模因 | 网络模因 |
|---|---|---|---|
| 视频 / 图像宏 | Dos Equis 啤酒电视商业广告以乔纳森・戈德史密斯为主角，饰演"世界上最有趣的人"（2006 年） | 图像宏在线显示，并包含短语模板"我不总是做 X，但当我这样做时，我会做 Y"（2007—2009 年） | "世界上最有趣的人"模因继续使用短语模板，但包括了其他图像，如《古代外星人盖伊》和《Ducrux 模因》（2010 年以后） |

续表

| | 可传播媒介 | 新兴模因 | 网络模因 |
|---|---|---|---|
| 图像宏 | 2015年，摄影师安东尼奥·吉列姆在 iStock 上传了一张名为“不忠的男人和他的女友一起盯着其他女孩”的照片 | 2017 年 1 月，土耳其 Facebook 页面“Prog Düşmanlarına Verilen Müthiş Cevaplar”及其对“心不在焉的男友”图像的再创混编，批评了菲尔·柯林斯 | “心不在焉的男友”模因的后续再创混编倾向于结合文本和 / 或图像叠加，以扩展 2017 年之后的模因叙事 |

如果回到吉登斯的观点——系统通过作为主体行动递归再现的规范化社会实践框架而出现，我们就能看到主体在模因的使用和生产中递归地再现他们的行动，就好像他们参与了与参与式数字文化成员的对话。网络模因之所以广泛存在，很大程度上是因为行为主体参与了模因的递归生产和再生产，然后行为主体参与创造模因时所形成的结构又导致了模因的进一步再生产[①]。只要主体的实践意识是由希望模因内容被进一步再创混编、迭代传播的意识界定的，模因就会继续被创造出来。然而，这不是一个被固化规则束缚的系统，模因的系统是由新兴模因（一种可传播媒介的转化形式）的存在界定的，这种模因在生成过程中被递归地复制，在这一过程中，主体行为附着在一个未言明但已知的结构上。吉登斯使用“记忆痕迹”这一概念来描述这种结构（Giddens，1984）。“记忆痕迹”（或结构）是设计特定模因内容的程序，这种设计方式使其被认可为模因，以促进相关模因的递归重构。在“世界上最有趣的人”这一例子中，“记忆痕迹”让个体知道该做什么才能参与其中；也就是说，如何将一个特定的信息识别为模因，并且，如果需要的话即可复制类似的模因内容，希望重复识别和复制的过程。“世界上最有趣的人”和“心不在焉的男友”都包含了这种

① 模因的传播和演化不仅仅是个体创造和分享的结果，还是与它们所处的社会和文化结构相互作用的结果。这种结构和行为主体之间的动态相互作用促使模因持续地被重新创造和传播。——译者注

进一步再创混编所需的规则和资源。"记忆痕迹"（或结构）可能是活跃的也可能是休眠的，因此在个体希望进一步对话时会被调用。在"世界上最有趣的人"这个模因中，短语模板的生成力仅受参与式数字文化成员创造力的限制。对于"心不在焉的男友"这一模因，其迭代往往利用图片中三个人的注视方向，并加入文本、图像或其他媒体内容以达到与他人探讨的目的。

我们需要用吉登斯结构化理论中固有的抽象性审视模因，以便研究人员能够理解参与式数字文化中看似随机的模因生产和再生产。吉登斯指出，"社会的结构只能是被构成的，这种构成的结构只对人产生影响，因为结构在人的行为中生产和再生产"（Giddens & Pierson，1998，p.77）。类似地，行为主体在需要时自会使用结构（内存记忆痕迹）。

模因的转变是结构化理论与模因产生关联的起点。正如本章开头提到的流行的迪克勒模因一样，行动主体递归地生产模因，并再生产出应当如何重新构建它的方式。

结构化理论提供了对模因生产进行探讨的内在视角。模因的存在意味着行为主体主动递归地利用结构，同时结构也规范了主体的行为，因此展示了结构（和行为主体）的二元性。模因语境中的主体行为不仅意味着模因的生产，还意味着与模因相关的结构的生产，这些与模因相关的结构随后递归地建构了主体行为发生的结构。一旦可传播媒介出现，而且一旦出现的可传播媒介获得了再创混编和迭代所需的关注，模因就形成了。

## 3.7 结论

作为参与式数字文化的人工产物，模因展示了结构的二元性，即它们既包含了如何再创混编和再生产自己的指令，同时又展示了其再生产所需的主体行为。鉴于有关网络模因的研究文献缺乏一个理论框架，本书对这方面进行了探讨并有所推进。网络模因引入了三种类型来描述模因的转化：可传播媒介、新兴模因和模因。本书在分析中指出，模因是由参与式数字文化成员快速传播的再创混编及再生产的信息；模因是从新兴模因发展而来的，被定义为经过转化和再创混编的可传播媒介。

这一分析得益于吉登斯的结构化理论，因为它有助于解释模因是如何被创造的，以及类型发展的过程如何展示了模因的持续性转化和数字文化成员参与生成的能力。结构化理论将这些动态组成部分界定为网络模因中结构与主体行为二元性的核心。此外，吉登斯的结构化理论可以作为进一步分析模因的传播和发展过程的模型，解答诸如网络社区如何发展模因的类型惯例并使其合法化、模因如何在不同社会和政治背景下的文化中被使用，以及识别塑造新兴模因类型的主要力量等问题。

## 所有模因都遵循类型的轨迹发展吗?

最后，我必须承认这种理解网络模因如何发展的方法具有局限性。一方面，当现实世界中发生某些事件并导致网络模因作为一种话语回应被创造出来时，我们可以从人们有意选择可传播媒介、对其内容进行扩展并在线分享以供大众使用的角度来追踪模因的发展过程；另一方面，有时模因只是模因，在常见的数字语言中，模因的定义相当广泛，这种定义具有值得关注的深远意义。例如，Facebook 上的“古典艺术模因”（Classical Art Memes）页面有 500 多万人关注，这在很大程度上是因为它很幽默，所以它拥有大量的追随者以及活跃的参与度（就某个帖子的点赞、分享数量等而言）。我将以 2018 年 3 月 20 日发布在 Facebook 页面上的两个图像宏模因作为案例进行探讨。第一个是大约 1850 年德国画家卡尔·施皮茨伯格（Carl Spitzberg）“书虫”（Der Bücherwurm）这一作品的再创混编版，第二个是文森特·梵高（Vincent Van Gogh）1889 年的作品“星夜”

（Starry Night）的再创混编版。

在“古典艺术模因”页面上创作模因的主要方法是植入文本以产生幽默的效果。施皮茨伯格的画作模因证实了模因作为一种表达形式在当代的应用，即它是网络空间中口头语言的视觉对应物。施皮茨伯格的画作模因在 Facebook 上获得了 88000 多个回复和 20000 次分享，而梵高的画作模因在发布后不到两天内获得了 96000 多个回复和 25000 次分享。这里的重点是，虽然我对模因作为类型的探讨有助于理解模因的一般发展方式，以及能够追踪这种发展方式的重要性，但模因可能以完全不同的方式出现，正如在“古典艺术模因”上所描述的那样[①]。

我认为，模因作为一种类型，是从可传播媒介发展到新兴模因，最后成为网络模因的。显然，以“古典艺术模因”页面为例，我必须调整我以上的定论，至少在一定程度上必须这样。严格意义上讲，我提出的类型发展理论揭示了非“病毒性”的、普通的可传播媒介成为模因的过程，而这个过程说明了参与式数字文化成员中的个体是如何通过论证使用模因的。然而，我们也可以从类似的角度来看待“古典艺术模因”页面上共享的模因。例如，梵高的画作模因是对最著名的艺术作品之一进行幽默的再创混编，但也包含着政治批判的内容，即对美国军队及其在中东进行战略部署的隐含批评。这一模因的言外之意是，美军将寻找并打击拥有石油的国家。但类型发展的过程是怎样的？根据其含义，大多数发布在“古典艺术模因”页面上的模因都是艺术作品的数字版本，因为它们本质上已是可传播媒介。添加文字是一种再创混编式创作，或者如我在这里重新表述的，我们可以将其视为迅速进入阐释模式，即从可传播媒介转变为新兴模因。

① 模因的形式和表达可以根据不同的文化背景和创意需求发生变化。例如，“古典艺术模因”通过将现代语境和幽默注入传统艺术作品，创造出一种新的模因体验，这不仅重新激活了这些艺术作品，也为模因的创造提供了新的视角和方法。这种多样性显示了模因及其类型的灵活多变性和适应性，以及它如何才能跨越不同的文化和历史界限不断转化。——译者注

或许，正如前面提到的，最好把新兴模因与网络模因之间的距离看作一层窗户纸，这就是够了，并且从新兴模因到网络模因的演变可以如此迅速，以至于探讨它们之间的不同之处是无用且多余的。

在这些例子中，作为模因的画作显然正是因为它们激发了受众的互动和参与热情，以及在随后的话语活动中对模因本身的使用（例如在模因上发布的评论），才明确地成为网络模因。在许多情况下，比如更具政治色彩的梵高画作模因，围绕是否需要采取军事行动、增加或减少开支、枪支管制等问题展开辩论，但与此同时，人们普遍承认引发辩论的源头是模因本身。

当然，我们也可以说，将梵高的画作作为模因，本身只是对现实情况的一种反应，即对美国军队入侵中东是积极的还是消极的表达看法等。但鉴于其所处的结构，即 Facebook 页面专门发布（大多比较搞笑）从古典艺术中再创混编创作而来的图像宏模因，所以在此将其视为讨论的源头就足够了。最后，我想澄清一个可能比较模糊的观点：如果我将一幅图像宏画作作为模因发布到“古典艺术模因”页面，但它没有获得任何回应，而且分享和评论都为零，那么它还是模因吗？根据我对网络模因的定义、对模因作为数字文化产物的理解，以及其他人对模因的定义，答案显然为“不是”。而如果回答“肯定是”，那就等于忽视了能动性——进一步传播信息、对信息做出回应、再创混编和分享信息等的能动性互动。要想让模因成为模因，人们就必须在回应它们的过程中发挥一定作用。这也清楚地表明了道金斯模因和网络模因之间的区别：前者强调模仿和复制，而不必涉及再创混编和恶搞；而后者作为一种视觉论证，其功能具有很多言外之意，需要受众——无论是想象中的还是其他的——填补缺失或不确切的信息，以使模因得以存续。下一章将讨论有关政治模因的一系列案例，作为对模因进行广泛探讨的一部分。

## 参考文献

Archer, M. (1995). *Realist social theory: The morphogenetic approach*. Cambridge: Cambridge University Press.

Bakhtin, M. M., & Medvedev, P. N. (1985). *The formal method in literary scholarship: A critical introduction to sociological poetics* (A. J. Werhle, Trans.). Cambridge, MA: Harvard University Press.

Barley, S. R., & Tolbert, P. S. (1988). Institutionalization as structuration: Methods and analytic strategies for studying links between action and structure. *Conference on longitudinal field research methods for studying organizational processes*. Austin: University of Texas.

Bazerman, C., & Russell, D. (2003). *Writing selves/writing societies: Research from activity perspectives on writing*. Fort Collins, CO: The WAC Clearinghouse and Mind, Culture, and Activity. Retrieved from http://wac.colostate. edu/books/selves_societies/.

Burgess, J., & Green, J. (2009). *YouTube: Online video and participatory culture*. Malden, MA: Polity.

Carter, G. V., & Arroyo, S. J. (2011). Tubing the future: Participatory pedagogy and YouTube U in 2020. *Computers and Composition, 28*, 292 - 302.

Cho, H., & Lee, J. (2008). Collaborative information seeking in intercultural computer-mediated communication groups. *Communication Research, 35*(4), 548 - 573.

Debord, G. (1967). *The society of the spectacle*. Retrieved from http://www.marxists. org/reference/archive/debord/society.htm.

DeSanctis, G., & Poole, M. (1994). Capturing the complexity in advanced technology use: Adaptive structuration theory. *Organization Science, 5*(2), 121 - 147.

Eco, U. (1984). *Semiotics and the philosophy of language*. Hong Kong: Macmillan.

Falkheimer, J. (2009). On Giddens: Interpreting public relations through Anthony Giddens' structuration and late modernity theory. In O. Ihlen, B. van Ruler, & M. Frederiksson (Eds.), *Public relations and social theory: Key figures and concepts* (pp. 103 - 119). New York:

Routledge.

Giddens, A. (1979). *Central problems in social theory*. Berkeley and Los Angeles: University of California Press.

Giddens, A. (1984). *The constitution of society: Outline of the theory of structure*. Berkeley: University of California Press.

Giddens, A., & Pierson, C. (1998). *Conversations with Anthony Giddens: Making sense of modernity*. Stanford, CA: Stanford University Press.

Goffman, E. (1956). *The presentation of self in everyday life*. Garden City, NY: Doubleday.

Jenkins, H. (2009, February 11). *If it doesn't spread, it's dead (part one): Media viruses and memes. Confessions of an Aca-Fan* [Web log]. Retrieved from http://henryjenkins.org/2009/02/if_it_doesnt_spread_its_dead_p.html.

Kamberlis, G. (1995). Genre as institutionally informed social practice. *Journal of Contemporary Legal Issues, 6*(115), 115 - 171.

Kamberlis, G. (1999). Genre development and learning: Children writing stories, science reports, and poems. *Research in the Teaching of English, 33*, 403 - 460.

Knobel, M., & Lankshear, C. (2007). *A new literacies sampler*. New York: Peter Lang.

Knowyourmeme.com (2013a). *Ducreux*. Retrieved from http://knowyourmeme.com/memes/joseph-ducreux-archaic-rap.

Knowyourmeme.com (2013b). *The most interesting man in the world*. Retrieved from http://knowyourmeme.com/memes/the-most-interesting-manin— the-world.

Knowyourmeme.com (2017). *Distracted boyfriend*. Retrieved from http://knowyourmeme.com/memes/distracted-boyfriend.

Miller, C.R. (1984). Genre as social action. *Quarterly Journal of Speech, 7*(1984), 151 - 167.

Milner, R. M. (2012). *The world made meme: Discourse and identity in participatory media* (PhD thesis). The University of Kansas, Lawrence, KS.

Orlikowski, W. J. (1992). The duality of technology: Rethinking the concept of technology in organizations. *Organization Science, 3*(3), 398 - 427.

Orlikowski, W. J. (2000). Using technology and constituting structures: A practice lens for studying technology in organizations. *Organization Science, 11*(4), 404 - 428.

Parsons, T. (1951). *The social system*. New York: The Free Press.

Pavlou, P. A., & Majchrzak, A. (2002). Structuration theory: Capturing the complexity of business-to-business intermediaries. In M. Warkentin (Ed.), *Business to business electronic commerce: Challenges & solutions* (pp. 175 - 189). Hershey, PA: Idea Group Publishing.

Poole, M. S., Seibold, D. R., & McPhee, R. D. (1996). The structuration of group decisions. In R. Y. Hirokawa & M. S. Poole (Eds.), *Communication and group decision making* (pp. 114 - 146). Thousand Oaks, CA: Sage.

Shifman, L. (2012). Anatomy of a YouTube meme. *New Media & Society, 14*(2), 187 - 203.

Shifman, L. (2013). Memes in a digital world: Reconciling with a conceptual troublemaker. *Journal of Computer-Mediated Communication, 18*, 362 - 377.

Shifman, L. (2014a). The cultural logic of photo-based meme genres. *Journal of Visual Culture, 13*(3), 340 - 357.

Shifman, L. (2014b). *Memes in digital culture*. Cambridge: MIT Press.

Stones, R. (2005). *Structuration theory*. New York: Palgrave Macmillan.

Todorov, T. (1990). *Genres in discourse.* Cambridge: Cambridge University Press.

Tucker, K. H. (1998). *Anthony Giddens and modern social theory*. Thousand Oaks, CA: Sage.

Waldeck, J. H., Shepard, C. A., Teitelbaum, J., Farrar, W. J., & Seibold, D. R. (2002). New directions for functional, symbolic convergence, structuration, and bona fide group perspectives of group communication. In L. R. Frey (Ed.), *New directions in group communication* (pp. 3 - 25). Thousand Oaks, CA: Sage.

Wartofsky, M. W. (1979). Models: *Representation and scientific understanding.*

Dordrecht: Reidel.

Watts, R. J. (1981). *The pragmalinguistic analysis of narrative texts*. T ü bingen: Gunter Narr Verlag.

Webster, J. G. (2011). The duality of media: A structurational theory of public attention. *Communication Theory, 21*, 43 – 66.

Wiggins, B. E., & Bowers, G. B. (2014). Memes as genre: A structurational analysis of the memescape. *New Media & Society, 17*, 1886 – 1906. doi:10.1177/1461444814535194.

Yates, J., & Orlikowski, W. J. (1992). Genres of organizational communication: A structurational approach to studying communication and media. *Academy of Management Review, 17*(2), 299 – 326.

# 第 4 章　政治模因

本书专门辟出一章的篇幅用于分析带有政治目的和/或关于政治目的的网络模因，反映了对美国和全球政治格局最新变化的关切。然而，这也凸显了我对模因作为一种快速简洁的在线表达工具普及性的关切。这项关于模因和政治之间关系的研究与之前的研究有所不同，它强调了意识形态实践是如何通过符号建构的，并且常常涉及与流行文化的互文性引用。

具体而言，本章将集中对几个案例进行研究，通过分析在政治或者与政治目的相关的运动中使用的模因，深入探讨模因在数字文化中的话语权力。我将法国哲学家让·鲍德里亚（Jean Baudrillar）的研究纳入我的分析中，因为他提出的概念［拟像理论（simulacra）和超现实（hyperreal）］为理解出于政治目的而发布的网络模因的功能提供了富有洞察力的视角——至少对本章研究的案例而言。对国际化网络模因使用的总体情况进行回顾，为研究案例奠定了良好的基础。在进行案例研究之前，本书对 2009 年的所谓“奥巴马小丑”模因进行了初步分析，并对 2016 年特朗普对“蝙蝠侠”反派角色进行正面的再创混编进行了分析。

## 4.1　技术赋权和意识形态实践

参与式数字文化成员选择以网络模因的形式表达他们对政治现实的认同或拒绝，这反映了在一个饱受政治变革困扰的世界里，网络的技术优势得到了充分体现。随着移动电话的兴起和应用程序的普及，用户可以随时拍照、增强图像和视频的效果、快速编辑和上传作品、进行流媒体直播等，普通人都可以将对这一技术应用到数字内容的创作中，而不用顾及其内容价值如何。这并不一定是新趋势，特别是在政治传播形式与推测性甚至阴谋论思维的交汇方面。令人惊讶的是，在扎普鲁德（Zapruder）的例子里，个人摄影作品引发了人们对扎普鲁德拍摄的约翰·F. 肯尼迪（John F. Kennedy）遇刺事件图片的推测。扎普鲁德影片的引人注目之处在于，尽管现实可以被记录下来，但事件的结果却不可避免地由对事件的阐释来确定，因为阐释是对现实的建构（而不是现实本身）。同样地，《变动的证据》（*Loose Change*，2005–2009）[①] 系列纪录片提出了关于“9·11”事件的阴谋论观点，尽管各种权威机构已经驳斥了纪录片中的说法。受众可以通过使用视频编辑软件增强现有影像资料的效果，从而制作出极具推测性的作品，这些作品的观点往往比较偏执和/或者是阴谋论。当个人试图理解某一事件或者更广阔的世界时，如果根本无法理解其背后的深层次原因，阴谋论就会出现并甚嚣尘上。

网络技术的便利性看似既令人惊叹，也让任何持有特定观点的人，尤其是边缘化、持非主流观点的人能够制作符合自己意识形态实践的内容，从而鼓励其他观点一致的人使用和传播相同的内容。例如，在美国，“黑人的命也是命”（Black Lives Matter）运动兴起后，又出现了一个名为“蓝人的命也是命”（Blue Lives Matter）[②] 的反向运动。该运动表面上支持话题的另一方——警察，并淡化了“黑人的命也是命”表达出的种族主义问题。

---

① 《变动的证据》是关于 2001 年美国“9·11”恐怖袭击事件的系列纪录片，该纪录片于 2005 年发布，由年轻的电影制作人迪伦·艾弗里（Dylan Avery）导演，它提出了一系列关于“9·11”事件的阴谋论观点，主张这一事件是由美国政府内部策划的。这部纪录片引发了广泛的关注和争议，因为它质疑了官方对于“9·11”事件的解释，并提出了许多证据来支持其阴谋论立场。尽管遭到了众多专家和权威机构的批评和驳斥，这部纪录片仍然对某些观众产生了影响，引起了人们对“9·11”事件真相的再次讨论和思考。——译者注

② 此处“蓝人”指身着蓝色制服的警察。——译者注

确实，在博克和菲格罗亚（Bock and Figueroa，2017，p. 1）所进行的一项研究中，"'黑人的命也是命'和'蓝人的命也是命'这两个运动背后所指向的群体的符号系统与美国文化中更大的意识形态紧张关系，即信仰和理性是同源的"。然而，尽管这些早期的案例明确指出了对现实世界具有影响力的意识形态实践中的严重问题，一些涉及政治问题的网络模因却可能采用轻松、可以缓解紧张局势的方式传播，比如加泰罗尼亚人要求从西班牙独立的案例，这将在后面的章节讨论。在分析案例前，有必要简要回顾一下以往关于网络模因和政治关系的学术研究。

## 4.2 网络模因的国际化研究

研究网络模因的学者倾向于站在美国的立场关注模因，然而，来自美国以外其他国家的学者也在研究网络模因和文化、政治等方面做出了贡献。例如，埃克代尔和塔利（Ekdale and Tully，2013）研究了肯尼亚互联网用户利用肯尼亚流行文化的方式，以便"将对弱者的刻板印象转变为对强者的渴望"（p.1）。他们对马克门德（Makmende）[①]模因的讨论揭示了参与式数字文化是如何跨越地理和时间界限的。克里格勒·维连奇克和索尔森（Kligler Vilenchik，Thorson，2015）讨论了"科尼 2012"（Kony，2012）[②]的模因。埃尔·哈沙巴（El Khachab，2016，p. 21）研究了埃及用户如何利

① 马克门德（Makmende）是肯尼亚流行文化中一个虚构的英雄人物，最初在 21 世纪早期作为一个网络模因而流行起来。这个角色首次出现在肯尼亚音乐组合 Just a Band 的音乐视频"Ha-He"中，随后迅速成为肯尼亚乃至非洲互联网上的文化象征。——译者注

② 《科尼 2012》是一部通过 YouTube 传播的半纪实性纪录片，影片的目的是曝光一个半军事化团体领导人科尼。科尼已经被海牙国际刑事法庭起诉，但是基于国际法惯例，嫌疑人尚未判刑之时，是不允许被曝光的，因此纪录片拍摄团队即"看不见的孩子"发起了一场呼吁曝光科尼的运动。这个运动后来被广泛称为"Kony 2012"。——译者注

用网络模因，“结合各种视觉技术和戏谑的惯例，以表达有关埃及电力基础设施的政治观点”。赛图（Saito，2017）分析了日本动漫在中国的传播和接受情况，以及这一过程所揭示的跨文化影响的问题。

虽然人们普遍假定互联网用户是出于幽默的目的使用模因，但如前所述，网络模因往往包含一定程度的对社会、文化或政治的批判。而另一个假设可能是：如果用户出于批判的目的使用了模因，那么这些模因很可能是针对政府、机构或类似实体组织的。然而，皮尔斯和哈吉扎达（Pearce & Hajizada，2014）发现并探讨了阿塞拜疆政府使用模因来抵制反对派的情况。

研究人员阿里斯托娃、布兰金娜和布季科（Arestova，Balandina，Budko，2015）调查了俄罗斯文化中网络模因的起源，而德尼索娃（Denisova，2014）则认为模因是俄罗斯互联网上表达异见的一种编码语言。2014 年克里米亚“被吞并”以及美国、欧盟和其他国家的反应正是 Twitter 上相关网络模因的来源（Wiggins，2014，2016）。分析显示，这些模因主要分为两类：倾向俄罗斯或倾向乌克兰。将倾向性作为主题类别是一种新颖的媒介研究方法。虽然模因引用参考了特定的新闻报道或事件，但它们会继续按照类似的主题类别被使用和再生产。

一般来说，将网络模因与政治联系起来的学术研究侧重于对边缘化群体的关注。此外，研究表明，网络模因提供了一种讨论政治现实的方式，这种政治现实可能被主流统治秩序视为不利。其他研究还表明，政府和政治竞选运动也会利用网络模因来攻击反对派和支持特定候选人。

另一方面，政府也会发布针对反对派的模因。根据皮尔斯和哈吉扎达（Pearce and Hajizada，2014）的研究，阿塞拜疆政府就利用模因来反击反对派。他们还发现，在阿塞拜疆，将幽默作为一种异议形式的历史可谓源远流长。为了理解政府利用模因攻击反对派的动机，皮尔斯和哈吉扎达采用了爱德华·沙茨（Edward Schatz）的软威权主义（soft authoritarian）工具来进行分析。两位学者（Pearce and Hajizada，2014）发现：

> 网络模因是完成这项任务的典范，因为它们提供了一个表示支持的机会（通过“点赞”和“分享”）；它们往往是更大规模黑箱运动的一部分；它们是有攻击性的；它们帮助政权控制叙事；它们还能上演政治戏剧。
>
> （p. 78）

在对案例进行研究之前，最好先回顾一下学术文献对模因及其参与政治话语的态度的变化。这一点很重要，因为在过去的几年里，人们普遍倾向于不使用模因作为政治表达的工具。

## 4.3 奥巴马的“小丑”化：意义的挪用

惠特尼·菲利普斯（Whitney Phillips，2009）对 2009 年初出现的所谓“奥巴马小丑”（Obama Joker）模因进行了探讨。她试图理解将两个截然不同的身份融合的意义：一个是美国第 44 任总统；另一个是真实的人物希斯·莱杰（Heath Ledger），他在电影中扮演蝙蝠侠的标志性敌人“小丑”这一角色。在 2009 年的大部分时间里，人们都不清楚是谁创造了这种再创混编的模因。终于，8 月中旬，就在菲利普斯将自己对这一问题的思考发布到亨利·詹金斯的博客几天后，“始作俑者”——一个名叫拉斯·阿尔哈蒂布（Firas Alkhateeb）的 20 岁巴勒斯坦裔美国大学生被找到了，他意图通过小丑的脸谱恶搞奥巴马的形象，以对这位总统提出批评（Hechtkopf，2009；Milian，2009）。这一原始图像取自 2006 年 10 月 23 日出版的《时代》杂志封面，阿尔哈蒂布使用编辑软件对它进行了恶搞。

阿尔哈蒂布将这张图片与“小丑”再创混编只是想表明，奥巴马并不是救世主般的人物，他认为奥巴马传递的“希望”充其量只是一种战略营销。菲利普斯（Phillips，2009）对奥巴马“小丑”模因的解读，暗示了自己与反对奥巴马及其继任总统的人在意识形态上的一致性。此外，菲利普斯还认为，所谓的“出生地质疑运动”（Birther movement），实质上得益于将这一形象用于对奥巴马担任总统的抵制。詹金斯、福特和格林（Jenkins，Ford，and Green，2013，p.28）在菲利普斯的基础上进一步指出，对奥巴马“小丑”模因的使用是一种视觉形式的抗议，特别是在反对奥巴马国家医改计划的“茶党”（tea party）团体中。

菲利普斯进一步指出，出生地质疑运动以及带有种族主义倾向的个体使用或认同奥巴马“小丑”形象，是基于一种假设，即其中隐藏着一种政治上的议程设置，意在破坏美国的主权。对此，菲利普斯（Phillips，2009，para.13）指出：

> 尽管两个阵营都出于各自的目的使用了奥巴马“小丑”形象，尽管没有人对奥巴马“小丑”形象试图表达的内容做出严谨的（更不用说完全连贯的）解释，但每个阵营都利用了这一形象来证明其政治对手的邪恶。

在这里，菲利普斯指的是对模因及其传达出的意义的一种固有看法。有一种假设认为：具有某种特定符号结构的模因，由于特定群体或社区的需要和承受能力，必须具有某种意义并以特定方式使用。因此，希夫曼（Shifman，2014）指出，模因将个人和政治的现实联系了起来，并具有她曾提到的“网络化的个人主义”特征（p.129）。她的意思是，这意味着“人们使用模因的同时表达了他们的独特性和相互连接性”（p.30）。然而，尽管这些观点对相关的思考不乏助益，却似乎忽略了网络模因所提供的意识形态实践只有通过被一个群体或社区接受并融入其中才有意义，因为意义的解释显然是由群体决定的。无论是“出生地质疑者”（Birther）还是普遍的种族主义者，对他们来说，奥巴马“小丑”模因之所以至关重要，关键在于他们对模因的解释，而不是模因本身。我所说的“解释显著性”，简单来说，就是尽管一个特定的模因经历了与特定意识形态实践一致的符号学建构过程，但认为模因本身具有某种影响力，那就大错特错了。解释只有对于那些感知到某个特定模因反映了特定意识形态实践的群体来说才具有显著性。

具有讽刺意味的是，将小丑形象与奥巴马再创混编的做法同样适用于2016年的总统候选人，即后来当选总统的唐纳德·特朗普。

> 考虑到美国总统选举的结果，以及主流媒体和全国性民意调查普遍未能预料到特朗普可能获胜的情况，特别值得注意的是，在模因中特朗普被描绘为小丑、不稳定因素，甚至可能是混乱的标志等，凸显了媒体描绘与公众情绪或实际选举结果之间的脱节。
>
> （Wiggins，2017，p. 200）

使用小丑的形象并不一定意味着负面批评。如前所述，菲利普斯（Phillips，2009）指出，尚无人能够完全解释清楚奥巴马“小丑”模因到底表达了什么，但他同时指出，这个模因在那些政治立场与奥巴马严重对立的群体中具有显著性，这种对立可能是由于对他身世的无端指控，或是由于公然的种族主义（鉴于在丑化奥巴马时其脸上被涂了白色涂料）。奥巴马“小丑”模因的意义在其使用中显而易见：它是一个假定群体身份的象征，旨在展示作为其意识形态实践中特定群体的敌意。此外，用小丑来批评奥巴马还能实现另一种关联。菲利普·肯尼科特（Philip Kennecott，2009）认为，

> 奥巴马和“小丑”一样，也和黑人的种族刻板印象一样：他身上带有一种不可知、不稳定和危险的城市暴力标记，随时都有可能爆发。奥巴马不可信赖这一信息才是首要的，不是因为奥巴马是一个政

客，而是因为他是黑人。

（para. 13）

## 奥巴马是“小丑”，还是特朗普是“小丑”？

如果奥巴马“小丑”模因显示了公众对黑人总统的恐惧和焦虑，那么创造特朗普“小丑”模因则是一种反讽。通过将特朗普定位为一个治理混乱秩序的代理人，他的支持者表示，奥巴马执政 8 年后，特朗普当选是合理的。然而通过将特朗普描绘成“小丑”，这一功能代表了一个群体，他们认为特朗普对于现存政治体系具有蓄意威胁性，并将不稳定因素注入这一政治体系中。

接下来，本章将揭示网络模因是如何被用来批评政治家或政治运动的。此外，网络模因还可以在被用来挖一个政客墙脚的同时，间接支持另一个政客。当我们从当前的政治环境回看 2009 年奥巴马“小丑”模因时，就会发现认为抗议型的模因（如在“出生地质疑运动”和“茶党”运动中使用的模因）无害这种假设，忽略了模因作为参与式数字文化产物的主要特征——如第 3 章所述——“记忆痕迹”会支持个体在社会系统内根据预期的社会互动规则实施行动，这些“记忆痕迹”可能是活跃的，也可能是潜伏着的（Giddens，1984）。奥巴马“小丑”模因揭示了模因在数字文化中能够产生深远影响的程度。借助“记忆痕迹”，个人可以通过使用模因重新激活意识形态实践，以强化一个政治群体对其自身目的及其反对对象的政治理解，这就是 2009 年奥巴马“小丑”模因首次出现时的情况。当时学者们从负面角度看待对模因的使用，并试图解读它，但是该模因是在社交媒体的使用还没有如此广泛和普遍的时候出现的。例如，2009 年第四季度，Facebook 拥有约 3.6 亿个用户，而到了 2016 年第四季度，用户数量增加了约 15 亿（Statista，2018）。奥巴马“小丑”模因被用来表达对奥巴马的一种态度，这在当年可能是其他媒介所不允许的，还可能比简单分享将奥巴马与蝙蝠侠反派“小丑”再创混编的图像更麻烦——此时奥巴马已经连任成功，当选为美国第 44 任总统。

特朗普“小丑”模因则表明，模因和语言一样是中性的：“赋予”模因意义是个人和群体“主动”参与促成的，这是其话语权力的本质所在。理解某个特定模因的倾向性很重要，因为这有助于我们认识到对于特定的模因，尤其是政治模因，我们很可能会迎合某种特有的态度、假设、偏见、恐惧、自豪感、阴谋论、价值观等，以便能够在特定群体中突出自己。在这里，我们看到“记忆痕迹”使网络模因表现出了特定群体在政治上的赞同或反对态度，并在这一被使用的过程中得到了理解，而其中的赞同或反对针对的或者是某人、某件事，或者是某个运动等。

## 4.4　到底什么才是“政治”模因？

首先，给政治下定义很重要，布拉特贝里（Blattberg，2001）简洁的措辞足以达到这个目的：“政治包括用对话回应冲突。”（p. 193）然而个人选择使用政治模因的原因，可能不是为了回应冲突，而是为了通过话语实践参与并扩大冲突。

从实践和执行的过程来看，政治类似于一场持续的争论，“关于我们作为一个国家应该做什么以及应该如何去做，我们所依据的规则本身可能恰恰会成为争论的一部分”（Boynton，2004，p.299）。因此，涉及政治进程的模因本质上应该包含某种形式的论证。正如第 1 章所述，我们应该从道金斯对模因作为 mīmēma（模仿的事物）的看法中脱离出来，而接受省略推理法作为我们通常理解网络模因的词源衍生物。相应地，用省略推理法理解的模因包含了视觉论证，它们隐含着一种延伸的信息，对这种信息的理解和接受依赖于受众填补必要但缺失的信息的能力。

政治模因是网络模因的一个子类型，涉及政治哲学和意识形态的某些特征。在此我们需要澄清政治哲学和意识形态这两个概念的含义。

布来伯格（Blattberg，2001，p. 194）将政治哲学定义为一种思想体系，它提供了“关于某些政治正当性模式的解释”，如治理、认同和福利，但这种方式较为笼统。政治意识形态更为务实和规范——这里的“意识形态”一词沿用了法国哲学家德·特雷西（Destutt de Tracy）提出的概念，它是作为一个思想科学方面的概念提出的，即“当价值观或目标发生冲突时，那些通过引用意识形态来回应的人至少主张两种观点”（Blattberg，2001，p. 194）：第一种关注如何理解这些价值观和目标（例如自由、婚姻等），第二种则指出价值观和目标之间的正确关系应该是什么。无论是将政治人物与流行文化中（广为人知的）人物的形象扩展为模因，还是对一个标准的政治图像进行再创混编，以讽刺和破坏与政治有关联的组织，在这里我们所说的都是政治网络模因。然而，必须有某种论据或目的（包含在模因中），模因才具有政治性。此外，必须根据特定的有目的的行为态度等来建构观点，包括政治观点、如何应对政治行为者或其他实体机构、提议或拒绝立法或支持立法、倡导和行使武力与安全、促进和平或战争，或仅仅是为了指控政治代理人的恶行、腐败、无能等。

政治模因的重要性取决于人们对特定问题的重视程度。例如，将约翰·肯尼迪遇刺事件再创混编的模因，可能不如一位因断章取义而深陷丑闻或暴露在聚光灯下的在任美国总统的模因更有意义。简而言之，对政治模因及其被认为的重要性的判断往往随着新闻周期的变化而变化。这意味着，虽然特定的模因作为对政治问题/事件的反馈可能是昙花一现，但其话语功能仍然使它日后还能作为备选素材被反复使用。

## 4.5　西班牙（和加泰罗尼亚）

2017 年 10 月，西班牙加泰罗尼亚地区议会投票决定脱离西班牙，成为一个独立国家。这一事件随后在现实世界和网络空间都产生了一些影响，比如网上出现相关模因、视频游戏，甚至还有一个拥有自己国旗和新闻论坛的虚拟民族国家。那次投票被宣布为非法，西班牙首相马里亚诺·拉霍伊（Mariano Rajoy）解除了加泰罗尼亚第130任"总统"卡莱斯·普伊格德蒙特（Carles Puigdemont）的职务，迫使他流亡到比利时。拉霍伊呼吁2017年12月重新举行选举，这再次导致多数人支持独立。2018年4月，普伊格德蒙特试图从丹麦哥本哈根的一次会议返回德国时被拘留。德国一家法院决定不以更严重的叛乱罪将其引渡到西班牙，但由于普伊格德蒙特在处理公共资金方面存在问题，法院决定允许以腐败罪名将其引渡。自那以后，西班牙撤销了逮捕令，但普伊格德蒙特最终选择了返回比利时。与本章前面的例子不同，加泰罗尼亚的故事伴随着一丝轻松诙谐。

西班牙网民用幽默的模因和相关的恶搞来回应议会秩序的混乱。例如，在独立运动和投票中出现的网络模因大多将普伊格德蒙特塑造成一个逃亡者，尤其是在这样恶搞的再创混编模因中，普伊格德蒙特的脸被添加在汤姆·汉克斯在同名电影《阿甘正传》中扮演的阿甘的脸上，而电影中阿甘正在横穿美国。另一个相关的模因将普伊格德蒙特塑造成电影海报中阿甘的形象上，他坐在长凳上，手持一盒巧克力，上面写着"viaje a ninguna parte"（无处可去的旅行）。

在另一个普伊格德蒙特的图像模因中，这位流亡的领导人出现在电影《空前绝后满天飞》（*Airplane!*）一个富有戏剧性但幽默的场景中，画面中一名乘客显然在喝汽油。该模因表明，普伊格德蒙特并没有意识到自己的行为并不像他所坚持的那样英勇。将普伊格德蒙特插入电影场景（电影本身就是一部讽刺作品）的符号功能在于：通过模因对讽刺进行二次讽刺。在Twitter上，这位陷入困境的加泰罗尼亚领导人无法从批评他的模因中得到喘息——他又被再创混编为"心不在焉的男友"模因。

2017 年 10 月 30 日，一位 Twitter 用户发布了“心不在焉的普伊格德蒙特”（Distracted Puigdemont）模因，批评他离开加泰罗尼亚，逃到比利时以躲避引渡。另一个模因图片中普伊格德蒙特戴着单片眼镜，留着精致的小胡子，文字解释说：“你们找错人了，我的名字是查尔斯·博克斯曼特（Charles Pauxlemaunt）。”这再次暗示了对他逃往比利时的批评（因他的姓氏经过调整，听起来像法国人）。

这并不是说这些幽默的言论反应缺乏批判性；相反，加泰罗尼亚独立问题在西班牙是一个热门话题，其本身也是欧洲一体化背景下的一个重要议题，特别是当人们比较国际社会对 2008 年科索沃宣布独立和 2018 年加泰罗尼亚宣布独立的反应时。

无论如何，国际社会基本上承认加泰罗尼亚问题属于西班牙内政，在这里主权问题似乎已作为西班牙内部事务处理了。由于投票、普伊格德蒙特的流亡以及西班牙各方对这一问题的普遍情绪，网络模因被用作一种政治表达形式，其本身就代表了数字意识形态实践。

## 政治话语游戏化

一款名为“PuigdeKong”的电子游戏的开发，似乎将西班牙加泰罗尼亚独立公投和随之而来的政治文化危机中民众的反应推向了短暂的高潮。这款游戏允许玩家扮演普伊格德蒙特，在四面楚歌的旅程中越过警察、法官，甚至以再创混编版“大金刚”的形象出现的首相拉霍伊等一系列“障碍”（Hipertextual Redacción，2018）。虽然这款游戏本身并不是一个模因，但它代表了参与式数字文化成员的一种可笑反应；另外通过嬉戏的方式批评西班牙独立运动带来的政治影响，也淡化了真实事态的严肃性。用协助创作 PuigdeKong 游戏的加泰罗尼亚插画师约尔迪·卡尔维斯（Jordi Calvís）的话说，“电子游戏可以成为一种强大的传播工具，幽默也是如此。它们共同帮助我们在悲伤、艰难、令人沮丧的政治现实中生存下来”

（Frayer，2018）。正如前文关于让·鲍德里亚的作品所指出的，电子游戏以及作为对政治动荡的回应而出现的网络模因，代表了个体理解现实的方式，在这种现实中，异化鼓励拥抱超现实。

鲍德里亚分析了文化生产与个体通过电视获得信息和被电视表征的方式之间的关系，而他的观点也适用于有关模因的讨论，至少可以解读为什么模因以及 PuigdeKong 游戏和其他例子是重要的政治表达方式。网络模因、电子游戏等象征着多种媒介形式之间互文意识的表达，而不只是信息内容本身的表达。网络空间的结构和我们用来表达自己的媒介都倾向于选择简洁的表达方式，而网络模因正是这种表达方式的理想选择。

选择将加泰罗尼亚独立运动游戏化以及使用网络模因，暗示了一种“传播帝国主义”行为。这种“传播帝国主义”行为“增加了渠道、观点、声音和信息的数量，而不考虑实际有多少人在倾听或参与……[这]维护的是一种中介原则而非传播交流的原则”[①]（Stevenson，2002，p.167）。网络模因提供的话语实践以其魅力和拟态幻境[②]取代了知识和事实，特别是在政治参与或暗藏不满的领域中。当然，虽然我自然地认为网络模因是文化的话语单元，因此在这里具有传播属性，但我并不认为在这个“传播帝国主义”的例子中不存在传播。相反，正是当代社会在碎片化、两极分化等方面的政治动荡，促使人们从现实转向互文性创作，通过融合各种媒介形式和类型来理解这个世界。虚构的民族国家“塔巴尼亚”（Tabarnia）作

① 这种观点揭示了当代传播技术如何扩展信息传播的形式和范围，但未必会增加实质性的交流和相互理解。——译者注

② 此处英文是 spectacle，普遍译为“景观”或“奇观”，而根据对模因学中上下文语义的考察，译者认为该词包含着网络情境中由大众狂欢带来的万众瞩目或者癫狂的一种沉浸式网络景观等内涵，更多的是一种虚拟集体狂欢或者癫狂，因此译为“拟态幻境”更加确切，它与拟态环境不同，强调网络上万众瞩目事件中的梦幻感。——译者注

为一个模因被恶搞的情况尤其如此。

## 4.6 “塔巴尼亚”：创造拟态现实的恶搞

在对“塔巴尼亚”模因的讨论中，值得思考的是鲍德里亚与被恶搞的虚构民族国家的创建之间的关联。对鲍德里亚的严肃阐释揭示出，人们对现实世界充满压力和紧张的状态感到厌倦和幻灭，为了体验比现实更真实的生活，他们会逃向大众媒体制造的超现实世界。我借用了齐泽克的说法——“行动中的意识形态”（ideology-in-action），以表明代表意识形态的行为、选择、欲望、表达等是通过行动实现的，因此在本书中也使用了“意识形态实践”这一术语。值得一提的是，“塔巴尼亚”作为一个超现实的民族国家，也许正因为其虚构的身份，才将意识形态实践表现得淋漓尽致。在索菲亚·菲尼斯（Sophie Fiennes）执导的纪录片《变态者意识形态指南》（*the Perverts Guide to Ideality*）（2012）中，齐泽克断言，“当身处意识形态之中时，我们面对的困境之悲剧性在于，我们以为自己逃离了意识形态，进入了自己的梦境，却不知此时恰恰处于意识形态之中”。正是在拟态（或模拟、想象、梦境等）幻境中，个人才能够“意识到”对意识形态的批判，然而这个过程恰恰始终是“意识形态实践”形成的过程。

以“塔巴尼亚”为例，这是一个有意创造（恶搞）的虚拟的民族国家。就数字文化范畴中关于网络模因的更广泛讨论来看，这一行为表达了对西班牙当前政治事件的批判，这一批判既涉及独立运动，也涉及该问题双方所使用的言论。“塔巴尼亚”恶搞模因的目的是，让受加泰罗尼亚影响或生活在该地区的西班牙公民组成一个自治区，但仍对西班牙保持忠诚。这个名字本身是加泰罗尼亚两个地区的组合，即塔拉戈纳（Tarragona）和巴塞罗那（Barcelona）。西班牙政治家胡安·卡洛斯·希劳塔（Juan Carlos

Girauta）在一条推文中表示，"'塔巴尼亚'是民族主义者一面无情的镜子，反映了他们缺乏团结并且过于幼稚"（Alandete，2017）。

必须强调的是，人们感到只有通过创造一个恶搞的国家，一个虚构的民族国家，才有可能进行政治和社会文化批判，由此可知，由话语制造出的拟态幻境会促使人们对现实进行修正并审慎思考。[①]

## 4.7 如果你不喜欢现实，那就改变它

我想用让·鲍德里亚（Jean Baudrillard，1994）的《模拟与仿真》（*Simulacra and Simulation*）[②]一书中的话结束本章。这本书是他对媒介与文化之间相互关系以及由此引发的对现实之扭曲和破坏的研究——这里的现实是其与文化符号互动的结果而非客观现实本身，其中的文化符号是通过各种媒介的作用在共享的社会和文化体验中建构形成的。鲍德里亚在其著作的第一页写道：

> 今天的抽象不再是地图、复制品、镜像或概念的抽象。模拟不再是领土、指称存在或实体的模拟，它是通过模型生成的一种没有起源

---

① 通过拟态幻境个体和集体不仅能够表达对现实的看法，还能探索可能的解决方案。这种方法在政治、社会、心理等领域特别有效，因为它提供了一种机制，通过更广泛的讨论，人们能够间接地处理和应对复杂或敏感的现实问题。——译者注

② 《模拟与仿真》是法国哲学家让·鲍德里亚的一部关于后现代哲学和文化研究的经典著作，于1981年首次出版。这本书是对现代社会中符号和现实关系的深入探讨，特别是在高度媒介化的环境中，作者着重探讨了符号（仿真）如何取代现实（模拟），并导致了现实与其表象之间的区分变得模糊。鲍德里亚在书中引入了几个关键概念，如"模拟"，指的是复制或模仿现实的行为；而"仿真"则是指那些与原有现实没有直接关联，完全由符号构成的现实。他认为，在当代社会，通过技术和媒体的广泛使用，模拟仿真已经取代了现实，人们生活在一个由媒介制造的虚构世界中，这个世界被称为"超现实"。——译者注

> 或现实的真实：一种超现实。领土不再先于地图，也不会再有地图之后继续其存续。从此，是地图先于领土——通过模拟的先行——由地图产生了领土。[①]

鲍德里亚的这番话批判了媒介化的表达及其表征形式破坏原创的方式。在社会的递归建构过程中，模拟仿真——缺少原件的复制品——被提升为我们常见的物质交换形式。

我认为，鲍德里亚的“模拟”（simulacra）代表了互联网的一种运作方式，在这种方式中，原始版本不再重要，而以网络模因形式表达的政治观点带有一种空洞且无意义的价值，缺乏在现实世界中实现社会变革的能力或意愿，在公民参与被弱化、改变方向或禁止的活动时，情况尤其如此。在其他情况下，网络模因被用于特定的政治目的，因为它们具有煽动政治参与或表达与主流秩序不同意见的话语权力。如果公民话语被简化为网络模因——至少在致力于模因交换的 Facebook 页面和群组中，这种情况至少在一定程度上是这样——我们就不能再权威地谈论唯一真理，而是多元的真理。将流行文化、阴谋论、不明真相的观点和 / 或公然的种族主义和偏执话语植入网络模因中，并在网络上传播这些信息，就是模拟的数字预演。

## 参考文献

Alandete, D. (2017, December 27). Tabarnia: The hoax independence movement trending now in Spain. *El Pais*. Retrieved from https://elpais.com/elpais/2017/12/27/

---

① 这段来自让·鲍德里亚的《模拟与仿真》的话，描述了在高度模拟的社会中，现实和代表现实的符号之间的关系已经颠倒。在这种情况下，模拟（仿真）不再仅仅是对现实的再现或复制，而是创造了一种新的现实，这种现实在没有实际原型的情况下存在，这就是所谓的“超现实”。这表明，文化和知识的表达形式（如地图）不仅仅是对现实的描述，更是现实的创造和构成。

inenglish/1514368061_809906.html.

Blattberg, C. (2001). Political philosophies and political ideologies. *Public Affairs Quarterly, 15*(3), 193 - 217. Retrieved from https://ssrn.com/abstract=1755117.

Bock, M. A., & Figueroa, E. J. (2017). Faith and reason: An analysis of the homologies of black and blue lives Facebook pages. *New Media & Society*, 1 - 22. doi:10.1177/1461444817740822.

Boynton, G. R. (2004). Legislatures. In M. Hawkesworth & M. Kogan (Eds.), *Encyclopedia of government and politics* (2nd ed., pp. 294 - 306). London: Routledge.

Denisova, A. (2014, December 4). *Online memes as a means of the carnivalesque resistance*. Paper presented at the symposium Politics and Humour: Theory and Practice, Kent, UK. Retrieved from https://www.academia.edu/9865338/_2014_Online_Memes_as_Means_of_the_Carnivalesque_Resistance_in_Contemporary_Russia.

Ekdale, B., & Tully, M. (2013). Makmende Amerudi: Kenya's collective reimagining as a meme of aspiration. *Critical Studies in Media Communication, 31*(4), 283 - 298. doi:10.1080/15295036.2013.858823.

Fiennes, S., Holly, K., Rosenbaum, M., & Wilson, J. (Producers), & Fiennes, S. (Director). (2012, September 7). The pervert's guide to ideology [Motion picture]. United Kingdom: Zeitgeist Films.

Frayer, L. (2018, February 1). Memes, video games mock Catalonia's prolonged deadlock with Spain. *National Public Radio: Parallels.* Retrieved from https://www.npr.org/sections/parallels/2018/02/01/582215221/memes-video-gamesmock-catalonias-prolonged-deadlock-with-spain.

Giddens, A. (1984). *The constitution of society: Outline of the theory of structure.* Berkeley: University of California Press.

Hechtkopf, K. (2009, August 18). Artist behind "Joker" image revealed. *CBS News*. Retrieved from https://www.cbsnews.com/news/artist-behind-obamajoker-picture-revealed/.

Hipertextual Redacci ó n (2018, January 29). PuigdeKong, the 'indepe[ndence]'game for the investiture of Puigdemont [PuigdeKong, el 'juego indepe' parala investidura de Puigdemont]. Retrieved from https://hipertextual.com/juno/investidura-puigdemont-puigdekong.

Jenkins, H., Ford, S., & Green, J. (2013). *Spreadable media*. New York: New York University Press.

Kennicott, P. (2009, August 6). Obama as the Joker betrays racial ugliness, fears. *Washington Post*. Retrieved from http://www.washingtonpost.com/wp-dyn/content/article/2009/08/05/AR2009080503876.html??noredirect=on

El Khachab, C. (2016). Living in darkness: Internet humor and the politics of Egypt's electricity infrastructure. *Anthropology Today, 32*(4), 21 - 24.

Kligler-Vilenchik, N., & Thorson, K. (2015). Good citizenship as a frame contest: Kony 2012, memes, and critiques of the networked citizen. *New Media & Society, 8*(9), 1 - 19. doi:10.1177/1461444815575311.

Milian, M. (2009, Aug 17). Obama joker artist unmasked: A fellow Chicagoan. *Los Angeles Times: Political Commentary*. Retrieved from http://latimesblogs.latimes.com/washington/2009/08/obama-joker-artist.html.

Pearce, K. E., & Hajizada, A. (2014). No laughing matter: Humor as a means of dissent in the digital era: The case of authoritarian *Azerbaijan. Demokratizatsiya, 22*, 67 - 85. Retrieved from https://www.gwu.edu/~ieresgwu/assets/doc s /demokrat i zat s iya%20a rchive / GWASHU_DEMO_ 22 _1/B158221228502786/B158221228502786.pdf.

Petray, T. (2013). Self-writing a movement and contesting Indigeneity: Being an aboriginal activist on social media. *Global Media Journal: Australian Edition,7*(1), 1 - 20.

Phillips, W. (2009, August 14). "Why so socialist?" Unmasking the joker [Web log comment]. Retrieved from http://henryjenkins.org/blog/2009/08/unmasking_the_joker.html.

Oppenheim, M. (2017, February 23). Donald Trump still calls Alex Jones for advice, claims the InfoWars founder and far right conspiracy theorist. *The Independent*. Retrieved from http://www.independent.co.uk/news/world/americas/donald-trump-alex-jones-calls-phone-advice-infowars-conspiracytheorist-far-right-sandy-hook-a7595136.html.

Shifman, L. (2014). *Memes in digital culture*. Cambridge: MIT Press.

Statista (2018). Number of monthly active Facebook users worldwide as of 1st quarter 2018 (in millions). Retrieved from https://www.statista.com/statistics/264810/number-of-monthly-active-facebook-users-worldwide/.

Stevenson, N. (2002). *Understanding media cultures* (2nd ed.). Thousand Oaks, CA: Sage.

Wiggins, B. E. (2014, September 22). How the Russia - Ukraine crisis became a magnet for memes. *The Conversation*. Retrieved from https://theconversation.com/how-the-russia-ukraine-crisis-became-a-magnet-for-memes—31199.

Wiggins, B. E. (2016). Crimea river: Directionality in memes from the Russia-Ukraine conflict. *International Journal of Communication, 10*(2016), 451 - 495.

Wiggins, B. E. (2017). Digital dispatches from the 2016 US election: Popular culture, intertextuality and media power. *International Journal of Media & Cultural Politics, 13*(1 - 2), 197 - 205.

# 第 5 章 商业驱动的战略信息传播与网络模因

本章的核心观点是，尽管网络模因乍一看似乎很愚蠢而且不值得关注，但它们是一种（潜在的）可用于战略信息传播的强有力手段。有几个涉及网络模因的案例可以揭示网络模因的融合以及在第 1 章讨论过的道金斯变体。在适当的、相互关联的情况下，我区分了道金斯定义的模因和省略推理法，后者被理解为一种视觉论证——对其的理解取决于由读者或受众填补的不确定或省略的信息。这些案例源于公司通过对部分模因付费和/或获得使用权，将记忆符号作为商业动机的战略信息的一部分。本章从介绍版权和网络模因的作用开始，重点探讨了“传播性言论”和“商业性言论”之间的区别。

在本章开篇，我将简要回顾演员达斯汀·霍夫曼（Dustin Hoffman）与沃尔特·迪士尼公司旗下的美国广播公司（American Broadcasting Company, ABC, Inc. 前身为 Capital Cities）之间的一起法律纠纷。尽管该案并非现实中明确的模因案例，但它揭示了当代网络模因的结构特征。此外，由于“商业性言论”与“传播性言论”的法律含义不同，在本章涉及的相关案例中，与网络模因生产和分享相关的版权问题将是讨论的重点。

## 5.1 模因的商业用途和版权

1997 年,《洛杉矶杂志》(*Los Angeles Magazine*)[①] 3 月刊刊登了一篇

① 《洛杉矶杂志》于 1977 年被美国广播公司（ABC）收购，ABC 后来又被沃尔特·迪士尼公司收购，后者于 2000 年将《洛杉矶杂志》出售给了 Emmis 公司。因此该诉讼发生的 1997 年,《洛杉矶杂志》属于沃尔特·迪士尼公司旗下的 ABC 公司。——译者注

名为《盛大幻想》( Grand Illusions ) 的文章，用一系列经过数字处理的名人照片展示了当季最新的时尚选品。这篇文章还附带一份购物指南，上面介绍了照片中服装的价格，以及购买地点。这一点非常重要，与在更大范围内探讨网络模因以及其中涉及的版权问题有关，稍后我会详细分析。一开始,《洛杉矶杂志》编辑部决定对达斯汀·霍夫曼拍摄于 1982 年的电影《杜尚先生》( *Tootsie* ) 中的一张照片进行数字化改动 ( 用现在的说法就是再创混编 )。在剧照中，这位演员身着闪闪发亮的红色晚礼服，脚踩高跟鞋，站在美国国旗前。

而在再创混编版本里，只保留了达斯汀·霍夫曼饰演的角色“杜尚先生”的头像。由于霍夫曼没有授权《洛杉矶杂志》在印刷出版物中使用他的肖像，作为演员的他便以滥用“霍夫曼的身份”为由提起诉讼，认为该杂志违反了:( 1 ) 加州普通法和法定的公开权;( 2 ) 加州不正当竞争法,《商业及职业法典》第 17200 条;( 3 ) 联邦《兰哈姆法》，15U.S.C 第 1125 章 ( a ) 类 ( Ho，2002，p. 534 )。地方法院在初审中，裁定使用霍夫曼的身份确实是商业性言论，而在美国宪法第一修正案中，商业性言论在自由言论方面受到的保护较少。尽管《洛杉矶杂志》声称在文章中使用霍夫曼的照片是社论性的，因此属于传播性言论，但该法院裁决认为，所谓的社论信息与霍夫曼的身份之间并没有明显的关系。如前所述，杂志中的购物指南就能证明该照片纯粹具有传播功能 ( 在这个意义上是社论性的 ) 而非商业功能的论点站不住脚。

然而，美国联邦第九巡回上诉法院推翻了地方法院的裁定。有趣的是，我们从第九巡回上诉法院的判决中发现，其判决词与网络模因的特质具有奇特的相似之处:“法院认为这篇文章结合了时尚摄影、幽默笑话，以及对经典电影和著名演员的视觉和语言的编辑评论。”( Ho，2002，p.534 ) 从本质上讲，利用现有内容，即达斯汀·霍夫曼饰演的杜尚的剧照，使用计算机软件对图像进行数字化修改以达到传播的目的，这从结构上看与个人创造网络模因的方式一模一样。另外值得注意的是，改编后的图像具有作为视觉论证（即 enthymeme，省略推理法）的额外功能，它让观看者自行脑补缺失的信息（既联想到霍夫曼所穿的服装，又联想到电影《杜尚先生》，以及它与 20 世纪 90 年代末的时代相比如何，等等）。

美国联邦第九巡回上诉法院的裁决以对言论的看法为核心，这种看法较为僵化地将言论分为传播性言论和商业性言论。这两种言论之间的主要区别在于提出商业交易的程度。如果某种表达、声明、信息等提出了交易，那么这一行为就会被视为商业性言论，并且“几乎不受宪法保护”。（Ho，2002，p. 531）这与传播性言论是不同的，传播性言论受到广泛的保护，从而能大胆表达社会、文化、政治、文学、伦理、经济、艺术和其他方面的内容。此外，根据卡斯基（Kasky）诉耐克公司一案的结果，加州最高法院制定了一个检验标准，用于界定言论行为是属于商业行为还是传播行为。也就是说，该检验标准“需要考虑三个因素：言者、目标受众和信息的内容”（Rocha，2017，p. 39）。另外，商业利益集团是否可以像非商业利益集团一样使用网络模因，似乎取决于对特定信息的话语预期。霍（Ho，2002，p.532）还提到，尽管传播性言论和商业性言论之间存在明显的对立关系，但有些言论行为带有混合的性质，涉及两者中各自的某些特征。要解决这个问题，至少在法庭上，必须辨别出它们究竟属于这两者中的哪一种。

“逐案处理”的方法源于这样一种观点：某些作品可能具有“变革性”，也就是说在内容中添加了新的元素，从而扩展了内容的目的和意义（Ho，2002；Rocha，2017）。这种方法不同于“僵化的”或“可预测”的方法，后者会导致一种固定的准则，即无论其他变量如何，所有案例都按照这种准则进行评判。霍（Ho，2002，p.533）精辟地总结了两者的优缺点，指出“前者牺牲了可预测性以换取准确性，而后者则牺牲了灵活性以保持一致性”。综合来看，由言论行为类型引发的版权问题，使得网络模因的地位变得复杂，尤其是当某一家公司像在社交媒体上常见的那样分享一个模因的时候。

霍夫曼案表明，将现有内容重新用于传播的行为导致了对出版商有利的诉讼辩护。然而，根据版权的“合法使用”条款（至少在美国是这样；在英国，这种条款被称为“公平交易”），是否允许在模因中使用现有（或可传播）媒介[①]的问题尚不清楚。如前所述，传播性言论的目的可以是政治的、社会的、文化的等，并享有言论自由的保护。此外，鉴于我认为模因具有指示意识形态实践的话语力量，这似乎支持了网络模因具有传播功能这一观点，无论其构成成分如何。

数字文化的运用通常基于一种假设，这种假设是其本质所独有的，但与现实世界的法律和实践格格不入。这种假设认为，可搜索或可访问的内容同样是可使用、可再创混编的，等等。换句话说，如果我能访问到它，我就可以使用它，转发、下载、重新再创混编等，以便最后能够供我自己使用。总而言之，这种做法在很大程度上代表了数字文化实践中普遍存在的做法。但是，尽管数字文化具有抓取、分享、复制 / 粘贴等特点，看上去这并不违反知识产权的法律规定，但是相关法律仍然对其具有约束性。作为一个应用例子，我将区分以下两种情况。第一种情况与所谓的“社恐企鹅”（Socially Awkward Penguin）模因有关，它呈现了一张企鹅摆着有趣姿势的照片。一般而言，作为图像宏的模因在顶部和底部都有文字，而笑点大多在底部。这只企鹅图像的知识产权实际上属于《国家地理》（*National Geographic*）杂志，并通过盖蒂图片社（Getty Images）获得授权。2015 年这个模因由一个不起眼的德国博客群“极客姐妹”（Geek Sisters）发布，该博客群本来是非商业性质的，但其所有者是一家营利性零售公司 Get Digital。盖蒂图片社向 Get Digital 公司发出了一封信函，表示如果他们得不到滥用企鹅形象的赔偿，就将寻求法律途径解决问题。在

① 此处媒介指已有可用来进行二次创作和传播的模因原素材，比如霍夫曼的图片。本章中提到的病毒媒介与此同义。——译者注

大约支付了 900 美元之后，这个案子就结了（Dewey，2015）。这与一个涉及快餐连锁店温蒂（Wendy 's）的案例形成了鲜明对比。温蒂是一家利用社交媒体 Twitter 与普通人联系和互动的快餐店（Rocha，2017），这家快餐店在 Twitter 上发布了一张网络模因青蛙佩佩（Pepe The Frog）的再创混编图片，用以回应一条询问该店是否有模因的推文。温蒂快餐店可能不知道，据美国南方贫困法律中心（Southern Poverty Law Center）（Morlin，2016）称，青蛙佩佩已经发展成为另类右翼和白人至上主义运动的标志性形象。虽然关于温蒂快餐店发布这一模因是否出于商业目的还存在争议，但该公司很快删除了这条推文，并发表了道歉声明。然而，温蒂快餐店所采取的行动，也就是删除这条推文，可能是因为担心这一模因的内涵会给其品牌带来负面影响。尽管如此，并没有人提出版权侵权的指控。

在以上两个案例中，无论是社恐企鹅，还是温蒂快餐店，它们在社交媒体上的行为起到的作用都是传播性的。然而，在涉及企鹅形象的盖蒂图片社案件中，主要问题是“极客姐妹”未经许可使用了企鹅图像，尽管这纯粹是一种传播行为。在温蒂快餐店的例子中，那条推文起到了与温蒂的 Twitter 粉丝建立联系的作用。这样的举动也可以被理解为一种商业交易，因为它们将数字文化与温蒂的品牌联系在一起，从而增加了顾客对其产品感兴趣的机会。无论如何，除非修改法律，否则未来还会发生需要确定模因表达的到底是传播性言论还是商业性言论的问题。下一节将探讨与商业驱动的战略信息传播有关的病毒式传播的问题。

## 5.2　病毒式传播，还是被设计的传播?

人们普遍认为，病毒式营销活动的成功是指其对社会关系产生影响，进而导致文化词汇如流行语、手势等的变化。这与病毒媒介不同，尽管两者主题相关，但病毒媒介无须进行广泛传播所要求的“策划”就可以实现病毒式传播。例如，“老香料”（Old Spice）广告的成功，可以说是由于其广告的策划而实现了病毒式传播，而一个人的推文获得病毒式传播，并不是因为这个人的意图，而是因为积极活跃的网络（Nahon & Hemsley, 2013）。2012 年 12 月 20 日，贾斯汀·萨科（Justine Sacco）在 Twitter 上发表的臭名昭著（如果不是令人遗憾的话）的推文事件说明了这一点。这是她的推文：“去非洲。希望我不会得艾滋病。开个玩笑而已。我可是白人！”显然她是想拿白人特权开玩笑，尽管她在 Twitter 上只有 170 个粉丝，但在她飞往南非的 11 个小时里，是更大的网络，可以说是粉丝的粉丝，看到了这条推文，并使其成为热门话题。媒介的病毒式传播既可以是偶然的，也可以是精心设计的，在与以商业为动机的战略信息传播方面，与这一问题相关的是，如何在主观策划和偶然性传播之间保持微妙的平衡，以及对风险的审慎意识。

例如，自称世界领先的社交媒体情报公司“品牌观察”（Brandwatch）发布的一篇文章指出，为了在市场营销和品牌认知活动中有效地利用模因，必须遵守一系列原则。文章认为，如果想努力让一个模因正常发挥作用，也就是使它像病毒一样传播，必须考虑以下几个条件：模因必须（1）易于创造；（2）易于理解；（3）能让受众产生共鸣；（4）便于分享；（5）是人们熟悉的；（6）有趣、诙谐、聪明或机智。该文章进一步认为，以下主题是能够使内容获得病毒式传播的最佳选择：（1）动物说人话；（2）宝宝会说或会做大人的事情；（3）热门电视节目或电影中的台词；（4）电视节目或电影中受欢迎的人物图像；（5）流行或者经典的名言；（6）双关语或笑话妙语；（7）当……的时刻；（8）参考“臭脸猫”（the Grumpy cat）模因；（9）参考“世界上最有趣的人”模因。我并不是要批评“品牌观察”公司，老实说，他们从逆向思维的视角捕捉到了重要的内容，类似于乔纳·伯杰（Jonah Berger）在 2016 年出版的《疯传：让你的产品、思想、行为像病毒一样入侵？》（*Contagious：Why Things Catch on*）[①]一书中所做的工作。

逆向思维方式的弊端在于对病毒媒介、网络模因等进行批判性解读，拆解这些现象的特性并将其作为复制成功的要素。当一段经过媒介传播的内容，比如盖瑞·博尔萨（Gary Brolsma）的歌曲“Numa Numa”或保罗·瓦斯克斯（Paul Vasquez）的“双彩虹”（Double Rainbow）视频被重新再创混编成一个网络模因时，对其进行滑稽模仿就成了主要的叙事手段。

在其他情况下，这些模因涉及对流行文化元素的引用，如特朗普行政命令（Trump Executive Order）模因或 2014 年俄罗斯进入克里米亚后出现的各种反欧盟模因（Wiggins，2016），它们会拿现实中的某个演员或者某个事件与之前虚构故事中的同类进行比较，这种比较是一种隐喻类比。因此，那些出于商业动机而设计的战略信息，如果具有网络模因的外观和感觉，就不应该低估隐喻的价值，因为隐喻可以捕捉到对（想象中的）受众产生的预期效果（可能是某种形式的“愉悦”）。

翁贝托·艾柯（Umberto Eco，1984）认为，隐喻让我们对插入的知识项目有更多的了解，而不仅是通过隐喻建构的图示关系，他指出，“隐喻知识是关于现实动态的认知”（p. 102）。虽然模因有一定的形式，但要理解它们取决于受众已知的事实、叙述、哲学等参考点。换句话说，受众必须了解模因比喻中所指的“梗”，才能理解模因试图论证、传达或提出的观点。列出模因的关键性逆向设计属性意味着，要“成为一个模因”，在策略上插入关键点即可。这种方法屏蔽了创新的机会，并阻止了通过与参与式数字文化的变化相一致的方式来发展模因的尝试。艾柯的符号学在应用于网络模因时，认为模因作为隐喻，其结构属性使其看起来像网络模

① 该书中文版于 2014 年由电子工业出版社出版。——译者注

因。[①] 根据上述原则，组织可以轻松地使用模因，这就意味着组织的活动首先会对注意力提出更高的要求。在讨论具体案例之前，有必要先看看前数字化版本的媒体的病毒性。

## 5.3　案例："牛肉在哪里？"

1984 年，美国快餐连锁店温蒂试图挑战其主要竞争对手麦当劳和汉堡王。该店制作了一则广告，广告中两位老妇人评价眼前一个汉堡的大小和蓬松度，接着她们的谈话被第三位女士打断了，后者说出了那句著名的流行语："牛肉在哪里？"（Where's the Beef? ）在时年 80 岁的克拉拉 · 佩勒（Clara Peller）说出这句话之后，这句话很快就被转化成了一种文化资本——它被印在 T 恤衫、保险杠贴纸和飞盘上，甚至被开发成一款桌游（Museum of Play，2018），以使这句广告用语最大限度地发挥出其蕴含的文化作用。（Nemetz，2014）

将"牛肉在哪里？"的广告及其随后成为文化流行语之一的现象纳入讨论，对于理解第 1 章所述的"模因"和"网络模因"之间的区别至关重要。"牛肉在哪里？"正是道金斯式模因的现实案例：早在互联网出现之前，它就已经作为一句流行语、一种观念像病毒一样传播开来，并通过市场产品的销售逐渐商业化。但它并未经历网络模因所必需的明显改变、再创混编或模仿。当然，像保险杠贴纸和桌游这类以这句话为基础制作的产品，能够体现对其原始用意的改变。然而"牛肉在哪里？"这个（道金斯式）模因说明了一组词被分享、传播、使用和重复的力量，它能引起众人发笑，也能在传播期间凸显出来并符合社会潮流。将"牛肉在哪里？"与网络模因进行比较时，模仿和省略推理法之间出现了明显的区别，即模仿

① 但这些属性是人为制造的，而不是自然演变的。这意味着，当模因的创作过于依赖固定的模式时，可能会丧失其原本的创造性和与观众互动的活力。——译者注

的事物和视觉论证之间的区别。

正如第 3 章所讨论的，Dos Equis 啤酒广告以“世界上最有趣的人”为主角，介绍了他的口头禅“我不总是做 X，但当我这样做时，我会做 Y”。与“牛肉在哪里？”（道金斯式的）模因相比，Dos Equis 广告只有在经过不同个体的不断变化、恶搞、迭代混编等之后才成为一个网络模因。这个流行语经常为了达到某种幽默效果而变化，例如“我不总是倒垃圾，但当我倒垃圾时，我看起来像个狂热的酒鬼”。在这里，我们有两个关于流行语的例子：一个在时间上被定格但根据人们对原始事件的了解而具有相关性或被记住（如温蒂快餐店的“牛肉在哪里？”广告）；另一个例子则根据用户生成的语境，其首选或预期的意义会发生变化。此外，Dos Equis 广告词的改变还取决于在特定社会体系中行事的行为主体为传播某种信息而做出的特定符号学选择，这些行为主体试图传达关于社会、文化、政治等或平凡或深刻的信息。

最近的一个例子说明了公司如何在公共关系、市场营销和广告活动中有效地利用网络模因。“牛肉在哪里？”这个例子和后续例子之间的关系，在于如何策划一项活动，以实现某种程度的病毒式传播。当在一个活动中融入网络模因时，这种策划选择的目的就有了更广泛的意义，也有可能受到风险的影响，这一点将在下文案例中加以说明。然而，一旦模因的使用范围扩大到其（常规的）数字网络之外，就会带来一个偶然的好处——使用网络模因在社会上显得突出则意味着“酷”。

## 5.4 “酷”在网络模因策略使用中的作用

2017 年 3 月，奢侈品牌古驰（Gucci）推出了“#TFWGucci”营销活动，即“当拥有古驰时的感觉”（the feeling when Gucci）。这一活动显然是想以模因的形式与消费者建立新的联系，以达到营销推广的目的。该营销活动使用的几个例子包括在经典艺术作品上添加文字，以提供一种与日常情境疏离的讽刺感，例如“那种感觉”，也就是当“你收到一个未能达到预期的礼物时”（从而暗示古驰产品作为重新找回失去东西的方式所具有的实用价值）。从符号学上讲，这是通过省略推理法发生的。让受众自己去填入预期的意义，将插入的文字与图像和隐含的情感联系起来。同样，群聊和即时通讯初创公司HipChat也在线下广告牌宣传活动中使用了“Y U No...？”的网络模因。

虽然古驰是一个老牌奢侈品牌，但它在营销活动中对模因的使用，并不像HipChat的“广告牌遇上网络”（billboard-meets-internet）模因反响热烈。HipChat的宣传活动“受到了好评，因为该品牌是一个试图颠覆既定市场的新兴企业所拥有的。当品牌能够真正传递出一种颠覆性的消息时，前卫的幽默使其显得更加真实可靠”。（McCrae，2017，para.6）先抛开这两个营销活动是否成功不谈，在出于商业目的的战略信息中使用网络模因表明，网络模因具有社会显著性，并能引起受众的共鸣。当网络模因被使用，同时也从公司或组织的角度按照预期的期望被“接收”时，这种情况尤为明显。换句话说，在广告中使用网络模因，就是展示了一种“酷的符号学”。

庞泰因和罗宾斯（Pountain & Robins，2000，pp. 17–18）解释说，要从外延定义的角度理解什么是“酷”，他们主张：

> 通过简单地接受“酷”作为一种现象，我们可以从它在人类行为（言语、舞蹈）和文化产品（电影和电视节目、书籍和杂志、音乐、服装）中的表现来识别它。不需要做太多的研究就能理解，“酷”并非固有地存在于这些艺术品本身，而是存在于人们对它们的态度中。

因此，“酷”显然是一个可以纳入营销或广告活动的概念，但与省略推理法类似，它依赖于人们脑补留白的内容，也就是认可一件事是很“酷”的。当网络模因被恰当地使用时，它们所传递出来的信息之一就是要意识到它们具有一种作为流行文化传播形式的功能，无论是线上还是线下。HipChat 在实体广告牌宣传活动中使用“Y U No...？”的模因，凸显了其希望迎合一种“酷”的情绪，以带来大众对品牌的关注度。还有很多其他例子，比如在《穿靴子的猫》（Puss in Boots）的预告片中再创混编了实现病毒式传播的“老香料”视频。另一个例子来自美国连锁餐厅丹尼斯（Denny's），它利用各种社交媒体以新的、出乎意料的方式与它的受众进行接触。

2017 年 3 月，丹尼斯公司在 Twitter 上发布了一张酪乳煎饼图片，图中枫糖浆浇在一团黄油上，并向下流到了煎饼堆里。将“放大照片”（Zoom in Photo）这种已经存在的网络模因子类型融入其中，表明这家营利性公司试图寻求与参与式数字文化成员建立联系。丹尼斯公司的推文获得了超过 12 万次转发和 17 万个赞（Rath，2017）。图片的某些部分还写有提示性信息，比如“请看左下角”“现在请看右下角”“现在请看左上角”“现在请看黄油”，最后还有一句笑话——“这是否分散了你对恐惧的注意力？哈哈”（Denny's Tumblr，2016）。然而，丹尼斯公司采取战略的另一个聪明之处在于利用了模因的特质，而不是实际的网络模因（其商业用途可能不受“合法使用”的保护）。

网络模因被引入商业宣传片、市场营销、广告等领域，表明它的使用是有目的地与消费者产生共鸣。也许，网络模因在这方面的最大特点就是能够获得个人和消费者的关注。它短小精悍，传播速度快，通过幽默的方式来吸引受众的注意力。就“酷”的符号学而言，要在战略信息传播中成功地使用网络模因，就需要承担一定程度的风险。

当一家公司将受众概括为一个同质的群体时，它可能会犯错误。例如，美国卫生与公众服务部（HHS）通过 Twitter 分享了有关 HealthCare.

gov 网站的视频信息，采用了神烦狗（Doge）模因的形式，但这并没有得到受众的好评。就用户参与度而言，这条推文只获得了 1166 次转发，很多评论都表达了对使用这个“过气”模因的强烈反对。

从符号学的角度来看，如果一家公司或一个组织想在向其成员发送的信息中加入网络模因，那它必须考虑到，“网络模因本身的使用”可能会传达出更多关于公司或组织如何看待“消费者”的一般看法，并显示出基于假设（至少部分是基于假设）的对互联网用户的认识水平。如果一家公司或一个组织希望通过使用模因来向其支持者进行宣传，那么它应该认真考虑，这样的选择本身也是一种传播行为。因此，模因或许会被很好地、以符合或者远远超出信息预期目的的形式接收和解读。以下案例展示了在特定的公共关系、营销或广告活动中使用网络模因的方式。

## 5.5 “Numa Numa Dance”视频和 Geico 公司的蜥蜴

2004 年 12 月 6 日，业余摄像师盖瑞·博尔萨（Gary Brolsma）上传了一段对口型演唱摩尔多瓦男子乐队 O-Zone 的歌曲《桃树之恋》（Dragostea Din Tei）[①] 的视频。这段视频首次出现在娱乐、社交媒体网站和 Flash 托管服务网站 Newgrounds.Com 上，浏览量达到 1580 万次，评论超过 2000 页。YouTube 用户“xloserkidx”于 2006 年 8 月 14 日上传了这段视频的副本，截至 2013 年 10 月 25 日，该视频共获得了超过 5200 万次的点击量（Knowyourmeme.com，2013）。另外，这段视频在 YouTube 上获得了超

① “Dragostea Din Tei”在中文中通常被翻译为《桃树之恋》或《椴树下的爱情》。这首歌由摩尔多瓦乐队 O-Zcne 演唱，于 2003 年发布，迅速在全球多个国家尤其是欧洲地区走红。这首歌曲因其朗朗上口的旋律和令人难忘的歌词（主要用罗马尼亚语演唱）而成为夜店和电台的热门舞曲。当它与一个名为“Numa Numa Dance”的视频相关联时，其知名度更是大增，视频中一位男子充满热情地对着镜头假唱并跳舞。这个视频成为早期互联网实现病毒式传播的一个例子。——译者注

过 32.1 万个赞和超过 2.4 万个踩。正如模因文档网站 Knowyourmeme.com（2013）所指出的那样，

> 《桃树之恋》是摩尔多瓦流行三人组 O-Zone 2003 年发布的一首舞蹈单曲。它的绰号“Numa Numa”来自这首歌的罗马尼亚歌词“nu mă, nu mă iei”，翻译过来是“你不想，不想带我走”。

由于博尔萨对 O-Zone 这首歌的原创混编大受欢迎，他的视频也出现了大量的迭代和再创混编版本。事实上，2009 年，博尔萨与 Geico 保险公司合作拍摄了另一个“Numa Numa”视频，该视频以 Geico 壁虎在一盏灯下跳舞为背景。随后几年，YouTube 上出现了各种对博尔萨视频和 O-Zone 歌曲的再创混编版本。为了清晰起见，必须区分原创视频和这些迭代版本作为一个真正的网络模因的功能。原创视频是实现病毒式传播的一个例子，而它的模仿版本则是网络模因。因此，无论是愚蠢的和异想天开的，还是严肃的和批判性的，原创视频的作用只是作为一种跳板，成为能让其他人参与讨论的数字化发祥地。但是，当原创视频或类似的内容被用作商业利益的模因模板时，又会发生什么呢？这是聪明的市场营销还是炫酷的媒体信息战略部署？抑或两者兼而有之？

在博尔萨的例子中，Geico 保险公司将他置于一个类似于最初“Numa Numa”视频的现实环境中，但增加了在玻璃水族馆中跳舞的 Geico 壁虎作为背景。据当时负责营销的副总裁泰德·沃德（Ted Ward）所言：“壁虎和我们的其他一些图标拥有一群热情的粉丝，我们觉得大家会喜欢看到它们在意想不到的场景中冒出来的这种‘惊喜’。不需要号召做什么，也不带网站地址或 1-800 电话号码，只是 Geico 让大家开心一下。”（Frommer，2009，para. 3）选择将博尔萨与“狡猾”的 Geico 壁虎放在一起有两种结果。

首先，它将 Geico 定位为“酷”，因为它意识到模因能悄然无痕地接触消费者。换句话说，最初选择在互文设计的 Geico 广告中使用 Numa Numa（并偷偷加入了 Geico 壁虎），是为了给人们提供一些不寻常的、非主流的东西（因此理想的情况下会让人感到很“酷”），以引起（可能是千禧一代）受众的共鸣。詹金斯、福特和格林（Jenkins，Ford & Green，2013）认为，当哈雷·戴维森（Harley Davidson）、苹果（Apple）或约翰·迪尔（John Deere）等公司为那些已经成为粉丝或狂热消费者的人量身定制信息时，它们实际上是在利用一种商业文化，而这种文化在它们尝试传递信息之前就已存在了。与吉（Gee，2004）的“亲和力空间”（Affinity Spaces）概念（即个人共享信息并建立知识库的在线空间）类似，博尔萨和 Geico 壁虎的使用是一种战略实践，这种实践是对网络模因等新媒体信息力量的认同。

其次，将视频结构化，使其看起来很“酷”，这表明该公司试图在设计中融入社交认可元素（social currency）。虽然 Geico 与“Numa Numa”的搭配是从 2009 年开始的，但人们对获取和保持关注度的新手段的追求并没有减少。社交认可元素的概念表明，如果知道某件事有可能提升你的自尊，让你觉得自己更有吸引力或更“酷”，或者只是让你感觉良好，那么你就更有可能谈论、策划（Pflaging，2015）或在网上分享信息（Berger，2016）。这两种结果表明，“Numa Numa”与 Geico 的搭配既是一种巧妙的营销手段，同时也是一种刻意的行为，目的是显得很“酷”（带有假定或暗示要获得商业收益的预期）。

## 5.6　维珍传媒、维他命水和“握拳宝宝”

2007 年 8 月 26 日，摄影师兰尼·格里纳（Laney Griner）为她 11 个月大的儿子萨米（Sammy）拍摄了一张照片，并把照片传到了她的 Flickr 账户上。上传以来，这张照片已经成为一个流行的网络模因，通常被称为

“握拳宝宝”（Success Kid）。从技术上讲，这种特殊类型的模因最恰当的称谓是“图像宏模因”，如第 3 章所述，正常情况下其特点是图像上方或下方有文字（经常是上下都有文字）。“握拳宝宝”模因已经演变成一种常用的视觉表达形式，用来表示成功、胜利，或者仅仅是表示在某一特定情况下，运气站在了你这一边。

最初，用户使用这个图像宏模因是为了表示对某人的失望或愤怒。由于图片的拍摄地是海滩，有时它被称为“我讨厌沙堡”（I hate sandcastles），或者由于图像中的面部表情给人一种激动的感觉，它又被称为“我要干死你”（I ma fuck you up）（Knowyourmeme.com，2010）。随着时间的推移，用户们开始倾向于利用这个模因来庆祝成功。2012 年初，维珍传媒（Virgin Media）在一场广告活动中使用了这张照片，因此对原创摄影师格里纳进行了补偿，广告词常用的是这样一句话：“蒂姆刚刚意识到他的父母不用额外付费就可以收看高清频道。”而且这句话是用加粗字体在广告牌上显示出来的，同时在符号学上与“握拳宝宝”模因的含义相匹配，因为它实现了在没有损失的情况下取得积极的收益。这个例子也展示了对互文性概念的详细阐述。

正如我所指出的，将所有文本视为互文文本对我们的进一步研究是有帮助的，因为模因不可避免地包含着特定的意义或引用，而这些意义或引用并非特定文本所独有。在维珍传媒的广告中使用“握拳宝宝”模因，体现了数字互传性的优势：作为本例中的互文，这个模因在静态的、线下广告牌广告中引用了数字文化中的内容，类似于之前 HipChat 在类似活动中使用的“Y U No...？”模因。

在有关这张图片的使用案例中，维他命水获得了将其用于一个电视广告的授权。广告中，一个年轻人从几个引用的网络模因旁经过，比如“握拳宝宝”（以及“Limecat”模因，它的形象是一只猫，头戴一个雕刻好的青柠或小西瓜，就像戴着头盔一样）。作为商业驱动的宣传活动的一部分，这两个案例都使用了一个或多个网络模因。将网络模因作为商业营销的一部分，表明广告商和营销人员都意识到网络模因的重要性，并试图将他们自己、他们的产品或服务与数字潮流相结合，以彰显与时俱进。

## 5.7 达美航空极具网感的安全视频

2015 年，达美航空（Delta Airlines）推出了一段新的飞行安全视频，视频中引用了个人和数字媒体内容。该视频获得了一定程度的病毒式传播，也被再创混编为网络模因（Coldwell，2015）。例如，保罗·瓦斯克斯（Paul Vasquez）在 YouTube 上的用户名是“饥饿的熊 9562”（hungrybear9562），或者更常见的叫法是“双彩虹男”（Double Rainbow Guy），他在视频中拍到了双彩虹。类似于制作了“Numa Numa Dance”视频的盖瑞·博尔萨案例，瓦斯克斯是网络模因的创造者，但他本人并不是一个真正的网络模因，双彩虹也不是。

在一段关于如何正确使用安全带的安全视频中，进行示范的工作人员用手势和身体动作来完成任务，他的动作与韩国流行歌手 Psy 在其热门视频《江南 Style》（Gangnam Style）中的“骑马舞”很相似，截至撰写本书时，该视频的播放量已接近 30 亿次。

正如纳翁和赫姆斯利（Nahon & Hemsley，2013）所指出的，在这两个例子中，在“将实现病毒式传播的视频变成模因”的过程中出现了一种指涉性的符号学转移①，目的是与受众产生共鸣，并试图引人注目。对于一个视频或相关媒体内容来说，无论网络模因是否被议论，要实现病毒式传播，内容本身“引人注目”是非常重要的。这意味着内容应当具有比较高

① 指涉性指的是符号（如文字、图像、视频等）所引用或代表的对象或概念。符号学转移指的是原本只是单纯搞笑或有趣的视频，通过被转化为模因，获得了新的含义和用途。这些模因不仅保留了原视频的娱乐性，还通过再创造和再传播，承载了新的文化、社会或政治信息，进而引发更广泛的讨论和共鸣。——译者注

的质量，以激发观看或使用该内容的个体对此进行评论及分享的欲望。达美航空安全视频的非凡之处并不在于它引用了网络模因，无论事实上是网络模因还是实现病毒式传播的视频等。达美航空安全视频中真正被突出的是一家拥有 8 万多名员工、市值数十亿美元的公司竟然试图赞美互联网的神奇。具有讽刺意味的是，为了与受众产生共鸣，视频选择引用诸如神烦狗模因或“恼人的橙子”（Annoying Orange）模因等幽默元素，而不是将互联网的知识优势融入其中。

达美航空的安全视频并不是单纯地使用模因，而是通过利用人们熟悉的结构系统，让“记忆痕迹”（Giddens，1984）来帮助我们记忆并与上下文和推断的意义相联系，从而引发笑声、分享、评论或进一步再创混编。在这个安全视频中，并没有新的模因被创造和策划；相反，其成功（如独特性、原创性等）在于其最初的设计。

## 5.8　结论

无论用于商业目的的模因的法律含义如何，一个重要的结论实际上与我之前讨论的“酷的符号学”有关。关于对版权问题的担忧，通常来说，至少公司选择使用网络模因是一种“不明智的想法，因为它们错误地认为它们的模因分享是合法的，将受到法律的保护”（Rocha，2017，p. 44）。然而，另一种观点指出，网络模因“值得受到司法保护，因为它们实现了文化交流和版权的有效使用，保护模因的行为是市场失灵的反应，即模因无法在不侵犯版权的情况下生成和发展”（Patel，2013，p. 256）。此外，一个特定的话语行为在本质上是传播性的还是商业性的，这是司法部门要处理的问题。然而，使用这种模因的实际意义，无论是纯粹的商业性使用，还是两者兼而有之，都应被视为一种试图接触目标人群的尝试，并显而易见与社会传播相关，还很“酷”。如上所述，“酷”的符号学涉及一定程度的风险，特别是将可传播媒介重新用作商业目的的模因时，可能会产生法律后果。就像 #TFWGucci 活动的案例一样，“酷”的符号学表明，使用模因可能会有适得其反的风险，尤其是当一个组织没有意识到其行为的后果时。“酷”的符号学是一个主要基于结构的概念，它植根于这样一种理念，即一个已经存在的实体，例如一家营利性企业，可以使用已经存在的模因或至少是模因的娱乐属性（就像本章前面提到的丹尼斯公司的例子），但这些行为本身就有风险。具体来说，这种风险来自这样一种现实：特定的信息将以某种方式被接收和理解，而通过这种方式接收和理解的信息可能并非信息源本来想要传达的信息。

下一章将更详细地讨论受众，同时还将讨论被称为“想象中的受众”的概念，这一概念可能与网络模因最为相关。正是想象中的受众最终决定了信息将如何被理解，而与实际意图无关，或与霍尔所说的文本的优先或主导解读的意义无关[①]。

## 参考文献


Berger, J. (2016). *Contagious: Why things catch on.* New York: Simon & Schuster.

Coldwell, W. (2015, May 22). Such precaution, very exits: Delta Airlines launches internet meme safety video. *The Guardian*. Retrieved from https://www.theguardian.com/travel/2015/may/22/delta-airlines-internetmeme-safety-video.

Denny's Tumblr. (2016). *I'll have one coffee with meme and sugar.* [Tumblr blog]. Retrieved from http://blog.dennys.com/post/124541422335/hi-ill-haveone-coffee-with-meme-and-sugar.

Dewey, C. (2015, September 8). How copyright is killing your favorite memes.


---

① 此处涉及霍尔的编码解码理论，意思是无论信息的发送者原本打算表达什么，接收者如何理解这些信息更多地取决于他们自己的预设、文化背景和个人经验。因此，即便是非常明确的信息也可能被理解成完全不同的意思。——译者注

*Washington Post*. Retrieved from https://www.washingtonpost.com/news/the-intersect/wp/2015/09/08/how-copyright-is-killing-your-favorite-memes/?noredirect=on&utm_term=.84d75ecbea6c.

Eco, U. (1984). *Semiotics and the philosophy of language.* Hong Kong: Macmillan.

Frommer, D. (2009, March 24). Numa numa guy back in Geico commercial. *Business Insider.* Retrieved from http://www.businessinsider.com/numa-numaguy-back-in-a-geico-commercial−2009−3?IR=T.

Gee, J. P. (2004). *What video games have to teach us about learning and literacy*. New York: Palgrave MacMillan.

Giddens, A. (1984). *The constitution of society: Outline of the theory of structure*. Berkeley: University of California Press.

Ho, C. H. (2002). Hoffman v. Capital Cities/ABC, Inc. *Berkeley Technology Law Journal, 17*(1), 527 - 547.

Jenkins, H., Ford, S., & Green, J. (2013). *Spreadable media*. New York: New York University Press.

Knowyourmeme.com. (2010). *Success kid/I hate sandcastles*. Retrieved from http://knowyourmeme.com/memes/success-kid-i-hate-sandcastles.

Knowyourmeme.com. (2013) *Numa Numa*. Retrieved from http://knowyourmeme.com/memes/numa-numa.

McCrae, J. (2017, May 8). Meme marketing: How brands are speaking a new consumer language. *Forbes*. Retrieved from https://www.forbes.com/sites/forbescommunicationscouncil/2017/05/08/meme-marketing-how-brandsare-speaking-a-new-consumer-language/#3a5fe08c37f5.

Morlin, B. (2016, September 28). Pepe joins (((echoes))) as new hate symbols. *Southern Poverty Law Center: Hate Watch*. Retrieved from https://www.splcenter.org/hatewatch/2016/09/28/pepe-joins-echoes-new-hate-symbols.

Museum of Play (2018). *Where's the beef? The fast-food race game.* Retrieved from http://www.museumofplay.org/online-collections/3/48/112.2941.

Nahon, K., & Hemsley, J. (2013). *Going viral*. Cambridge: Polity Press.

Nemetz, D. (2014, January 9). The inside story of the Wendy's 'where's the beef?' ad, 30 years later. *Yahoo Entertainment*. Retrieved from https://www.yahoo.com/entertainment/blogs/tv-news/inside-story-wendy-where-beef-ad−30−years−004259251.html?guccounter=1

Patel, R. (2013). First world problems: A fair use analysis of internet memes. *UCLA Entertainment Law Review, 20*(2), 235 - 256. Retrieved from https://papers.ssrn.com/sol3/papers.cfm?abstract_id=2426875.

Pflaeging, J. (2015) Things that matter, pass them on: ListSite as viral online genre. 10Plus1: *Living Linguistics, 1*, 156 - 181. Retrieved from http://10plus1journal.com/wp-content/uploads/2015/09/12_JOU_ART_Pflaeging.pdf.

Pountain, D., & Robins, D. (2000). *Cool rules: Anatomy of an attitude*. London: Reaktion.

Rath, J. (2017, March 2). Denny's is behind one of the most popular versions of the new 'zoom' meme. *Business Insider: Deutschland*. Retrieved from https://www.businessinsider.de/dennys-zoom-meme−2017−3?r=US&IR=T.

Rocha, E. (2017). Y u no let me share memes?! - How meme culture needs a definitive test for noncommercial speech. *Journal of Art, Technology, & Property Law, 28*(37), 37 - 55.

Wiggins, B. E. (2016). Crimea river: Directionality in memes from the Russia-Ukraine conflict. *International Journal of Communication, 10*, 451 - 495.

# 第 6 章　受众

从一般意义上讲，模因对政治、文化、娱乐或简单的幽默机制并没有任何规范，因此很容易让人对受众产生疑问：受众是谁？如何与他们互动？而且，“受众”是一个含义丰富的术语，它不一定像适用于电影或广告的受众那样适用于模因。对于网络模因来说，受众意味着它们的构建目的是吸引具有某些特征或特定共性的特定群体，并满足他们的欲望或特定倾向——无论是从人口统计学、心理统计学还是算法等方面而言。传统意义上的“受众”一词对于网络模因来说或许并不十分贴切，因为其中包含着一种自上而下的传播关系。在这一章的分析中，我的关注点在于区分传统意义上的“受众”和与模因相关的受众。对于与模因相关的受众，应考虑其中的几个关键元素——主体性（Agency）、多义性（Polysemy）和媒体叙事的角色。为了支持这一关键点的分析，首先要了解在传统媒介研究中是如何理解“受众”这个概念的。

## 6.1　历史上的受众和内容的接收

在更详细地了解网络模因及其受众之前，探索“受众”这个词在历史上如何被理解和应用很重要。早期有关受众的问题往往集中于某些信息是否对“受众”产生“影响”，以及产生了多大的影响，或者是什么驱使个人使用和寻找这些信息等。类似的问题也与网络模因有关，在后续探讨过程中我们会逐一揭示。

在过去几十年关于媒介的研究中，有三个主要假设阐明了人们是如何理解受众的。第一，假设受众是客观存在的，但不关注他们接收的内容是什么，这意味着构成受众的个体具有某些共同特征，例如对内容的喜好或理解内容的能力基本一致，这一点对于网络模因研究尤其重要，有关此议题的许多研究倾向于关注英语模因。在巴拉圭或奥地利，如果谈到模因的受众，可能是指本地化的受众，特别是当模因涉及与该地区相关的问题时。我在分析 2014 年俄罗斯进入克里米亚后出现的模因时，关于受众这一概念，我引入了“指向性”（directionality）一词来对应极化效应，这种效应假设了一种二分关系。然而，这种关系与当地的具体情况息息相关。模因中即使是侮辱俄罗斯人或乌克兰人的方式，也需要仔细解读其出现的文化背景（Wiggins，2016）

第二，受众通常接收内容，并且一般无法或不愿意回应。这是基于传统媒体的历史假设，即广播、报纸、电视等作为大众传播形式面向的是大众受众。对于网络模因，发布或策划模因的人通常希望得到回应；然而，这一“回应”与传统媒体的“回应”应该是有区别的。一方面，在 Instagram、4chan 或 reddit 上发布模因，也可能是想获得那些认同该模因内容的人的回应；另一方面，发布模因以引发批判和负面回应的行为通常被视为“恶作剧”（trolling）或“垃圾帖”（shitposting）。关键在于，回应是相对的，取决于模因的意识形态实践之内涵，这也表明模因作为数字文化的产物，具有鼓励有目的的生产和消费的能力。

第三，虽然受众可能会受到其接收和使用之内容的影响，但更重要的是，在讨论受众和任何形式的媒介内容时，考虑其使用的原因和从使用中获得的满足感也非常重要。这一点有必要在接下来的章节中进一步讨论。

## 超越效果：使用与满足

大量关于媒体使用及其受众的研究源自后实证主义，这些研究考查了媒体的潜在影响，比如佩恩基金会（Payne Fund）研究了与宣传力量相关的恐惧[①]（Lowery & DeFleur，1995）。这些研究将受众定位为被动接收信息的大众，因此引发了人们对宣传和控制的恐惧。此观点的批评者如约翰·杜威（John Dewey，1927）提出，可以通过教育增强人们的智力，并且总体上，人们有能力明智地选择和使用媒体。保罗·拉扎斯菲尔德（Paul Lazarsfeld）以及后来的赫塔·赫尔佐格（Herta Herzog）都从研究媒体效果转向研究受众使用媒体的原因以及使用媒体所获得的回报。事实上，正是赫尔佐格（Herzog，1944）关于广播肥皂剧受众的“动机与满足”的研究，导致媒介研究的重心转向了受众。

赫尔佐格的研究引出了用使用与满足理论研究媒介的方法（Baran & Davis，2009）。这种方法对媒体效果不太感兴趣，而是更多地研究人们在使用媒体中做出的选择。具体来说，该研究方法提出了这些问题：为什么人们会有意识地购买特定类型的杂志或书籍，首先翻阅报纸的特定版面，或者浏览广播和电视节目表以寻找特定的节目？（Lowery & DeFleuer，1995，p. 400）同样，威尔伯·施拉姆（Wilbur Schramm）这位传播学鼻祖建立了“传播学”这门学科，并开发了最早的传播模型之一，他还提出了“选择函数”[②]（fraction of selection）理论，以确定人们为什么选择某些大众传播形式。施拉姆的“选择函数”将预期的回报除以参与活动所需的努力，用以表示可以参与活动的频率。基本上，所需的努力越少，可能获得的回报越大或越令人满意。例如，如果你想确定为什么一个人阅读很多或很少，你就可以使用选择函数理论。首先，你需要确定阅读带来的回报，然后是阅读所需的努力，或与这项活动相关的难度。对于回报，可以

---

① 后实证主义研究方法强调超越纯粹的观察和实证数据，更注重理解媒体内容如何被不同受众解释和体验。这种方法表明，媒体的影响不仅是直接和量化的，而且是复杂和多层次的，涉及受众的主观体验、社会背景等。——译者注

② 施拉姆提出的选择函数理论用于解释人们如何在众多媒体和信息中进行选择。本书作者认为，这一理论在网络模因的研究中同样适用，可以帮助我们理解模因的传播和接收机制。——译者注

是提升社会地位、职务晋升、获得信息、得到休息等；对于阅读的难度来说，如果没有足够的时间、资源或支持性的社交伙伴，人们可能会选择不参与阅读。如果这些难度足够大，则回报可能变得无足轻重，阅读活动由此就会减少。将这一理论应用到网络模因，你可能会问，为什么人们会选择分享一个涉及社会重大问题（政治、文化、经济等）的模因，而不是针对同一个问题在现实世界采取行动？答案很可能在于所需付出的努力的问题。可以说，参与社会运动比分享模因需要付出更多。然而，正是实现病毒式传播和网络参与结构的诱人之处，很可能说明了为什么参与创作和开发网络模因比参与社会运动或相关活动更容易、更有趣。

综上所述，在早期的媒体研究中，"受众"意味着某些特定的假设，应用于网络模因时也是如此。这些假设涉及以下几个方面：受众特征、信息接收及回应的可能性以及特定个人或受众使用模因后的满足感。最后，我使用施拉姆的理论对在数字文化中作为话语单元的网络模因的选择功能进行了评估。但是，我的这一评估有一个局限性，那就是模因本质上是多义的，由于可能有多种含义的解释，所以需要更加聚焦，因此或许更适合引入斯图尔特·霍尔关于个人或受众解释的方法，接下来我们将就此展开分析。

## 6.2 斯图尔特·霍尔：支配性、协商性和对抗性解码

就像网络模因一样，霍尔认为大多数媒体或文本都是多义的。文本具有多重意义表明解读在其中占据重要地位，个体可以从多种可能的意义中或解读出一种意义，或解读出多种意义，这彰显了意义解读的自由性或解放性。霍尔认为，信息的生产者构建了对信息的优先或主导解读的逻辑。在优先解读中，信息生产者的目的是与那些被认为持有相似观点的人交流。霍尔指出，如果信息接收者与信息发布者的预期或优先（支配性）解读不一样或被误解，就会产生一种协商的意义。霍尔（Hall，2012）指

出:“协商代码通过我们可能称之为特定或情境化的逻辑来运作，这些逻辑因与权力话语和逻辑之间的差异和不平等关系而得以维系。”(p.143)本质上，当一个人感知并可能接受优先解读，但在解码信息的过程中也融入自己的社会地位、背景、经验、价值观等因素时，就会出现“协商性”解读。协商性解读可能导致对特定文本的二元理解：一个人在理解信息的过程中，既从优先(支配性)解读角度看待和理解信息，同时还持有可能涉及矛盾、不同意见等的另一种解读方式。霍尔介绍的另一种解读方式即“对抗性”解读，这种解读发生在一个人接收并理解了信息优先解读的含义，但以一种与支配性解读直接对立的方式解码信息的过程中。

例如，2018 年加拿大夏洛瓦 G7 峰会的一张照片被批判性地再创混编成了一个模因，实际上，原始版本和再创混编版本都提供了理解霍尔解码方法的机会，同时也阐明了关于数字话语实践的“受众”问题。

这里对初始图像的优先解读存在问题。将其解释为特朗普软弱或其行为伤害了盟友，这种理解只有在个人的意识形态实践与此种解释相符合的情况下才可能发生，而且更重要的是，这在很大程度上取决于其被使用的场所(在线或离线)以及用何种语言来讨论它。当然，考虑到对目标受众理解的预期，分析模因时也必须把语境语用学纳入考虑范围。

原始图片是由德国总理默克尔的团队上传至她的官方 Instagram 账户，并附上了相当普通的文字“两个工作组之间的自发会面”(Merkel, 2018)。如果说有什么优先解读内容的话，那就是 2018 年 G7 峰会之所以特别，原因无他，就是特朗普对美国坚定盟友异常激烈的言辞。在此基础之上的协商性解读层出不穷：默克尔处于主导地位，特朗普退缩；特朗普占据主导和中心位置，其他人寻求他的指导；等等。

在这里，霍尔的观点提供了一种解读网络模因的方法，使我们能够同时实现多重解读。然而，只有具有批判性的分析能力，并认识到模因包含的符号能够“建构意义并使事物看起来有意义”，才能完成这一壮举，其中的关键在于个体的主体性：尽管霍尔的理论提供了模因的政治性解读方法，作为主体的个体在意义的创造和策划中仍然扮演着重要角色。模因对个人世界观的影响很大程度上取决于模因传播过程中所包含的“媒体叙事”方法。在全面且根据语境界定“媒体叙事”一词之前，我将通过一个简短的案例来阐明网络模因如何与之前讨论的受众相关。

## 6.3　以模因为中心理解受众

如果我们着重回溯的话，视听媒体（如电视和电影）的受众是在这样一种意义上被构建的：媒体机构根据假定的特定人群的兴趣和特定媒体机构的意图，生产针对特定人群的内容，而将同样的生产原则应用于网络模因会忽略在线空间个体的主体性作用。2018 年 5 月出现的“白人女性报警”模因[①] 即可作为讨论受众角色的一个例子。

这个模因来自 YouTube 上的一段视频，视频中，一名身份不明的白人女性戴着墨镜，把智能手机放在耳朵旁，面无表情。这个模因属于“在旧图片中插入新元素”的子类型，意味着将一个人的形象插入另一个背景中，通常带有某种历史意义。“白人女性报警”模因也被称为 #BBQ Becky 模因，将这名女性形象与马丁·路德·金演讲的图片再创混编，呈现她在马丁·路德·金博士发表历史性演讲时，或与罗莎·帕克斯（Rosa Parks）[②]坐在同一辆公共汽车上时打电话报警的场景。这里需要交代一下背景：这名不知名的女性报警是因为有一小群非裔美国人在加州奥克兰市的

① 这个模因源自一个真实事件，一名白人女性报警举报非裔美国人在公园使用木炭烧烤。该模因迅速在社交媒体上走红，不仅因为它揭示了种族歧视的问题，也因为它让人们能够通过幽默和讽刺的方式讨论这一敏感话题。——译者注

② 1955 年 12 月 1 日，在阿拉巴马州蒙哥马利市，罗莎·帕克斯拒绝遵守种族隔离法律，拒绝将座位让给一名白人乘客，结果被警方逮捕。她的这一举动引发了蒙哥马利巴士抵制运动。——译者注

一个公园里使用木炭烧烤。显然，那个公园不是木炭烧烤指定区域。

这与费城一家星巴克的前工作人员报警说有几名非裔美国人在咖啡店里等候朋友的事件类似。一位为在线杂志 *The Root*（该杂志关注黑人流行文化和新闻）撰写文章的记者讽刺地指出，“两名男子在市中心的一家星巴克被捕，罪名是其拥有黑人身份并意图显示其存在感”（Harriot，2018）。这次事件的不同之处在于，警察逮捕这两名非裔美国人仅仅是因为他们进了星巴克。

其明显的上下文含义（或按照霍尔的说法，优先或支配性解读）应该是清晰的：这位不知名女性的行为表明，美国紧张的种族关系因人们的过度反应而加剧，尤其是在警察暴力事件不断增加的情况下［例如，2016年，15~34岁的黑人男性被杀害的可能性大约是其他族裔男性的9倍（Swaine & McCarthy，2017）］。

就“受众”而言，假设这些模因是为了针对特定受众群体而创造，这似乎并不正确，至少与对“受众”的一般理解相比的确如此。更有帮助和更明智的做法是，不要将模因的“受众”作为重点，而是将“白人女性报警”的模因首先视为数字文化中的话语单元来理解，即它的目的在于解决美国紧张的种族关系和白人特权问题，当这些问题扩展到有关模因的受众时，就会出现包括“模因有特定的‘受众’吗？”“将类似的社会文化、政治问题看作关乎社区甚至‘公众’的问题是否更有帮助？”等问题。

格鲁尼格和亨特（Grunig and Hunt，1984）提出的公众情境理论可能有助于澄清为什么在思考网络模因时，尤其是那些提供某种形式的批评社会或文化的模因如白人女性报警的模因时，将受众作为一个概念可能会产生误导。基本上，当公众意识到某个问题时，或许会就这个问题想做些什么。例如，关注气候变化/全球变暖的人或许只是一个很小的群体，即便互相不会意识到对方的存在，也会分享他们相同的担忧。同样，格鲁尼格和亨特（Grunig and Hunt，1984）进一步论证，个体必须能够识别问题并评估他们希望在一个特定问题上的参与程度。此外，关于网络模因及其在数字文化中的角色，最具启发性的可能是，个体往往倾向于或主动或被动地共享模因携带的信息。

观察这些具有社会批判性、文化性的例子很有帮助，因为它表明，虽然数字文化能够非常迅速地生成内容，但转化为现实世界中行动的倾向似乎不那么显著。这里需要再次引用格鲁尼格和亨特（Grunig and Hunt，1984）的理论：一般而言，人们必须同时分辨出他们面对的问题以及可能受到的内部/外部力量的约束，问题严重与否和约束力的大小都会影响他们的参与，从而使是否行动成为一个不得不仔细考虑的因素。根据格鲁尼格（Grunig，1997）的观点，如果问题发生在现实世界中，即个体的外部环境，那么"必须先对一个人的环境进行改变，其后才能改变他或她的感知……以及沟通行为"。（p.25）也许，网络模因可以成为公众获取更多信息的手段，从而鼓励社会参与。有趣的是，马里查尔（Marichal，2013）引入了"微行动主义"[①]（microactivism）一词，用以指代在帖子、评论、反馈等方面的日常参与形式，这表明即使没有进行大规模动员，政治目的仍然存在。马里查尔引用了一些例子，如专用的Facebook页面、Twitter账户、在线分享和回复帖子，这些都是微行动主义的表现。此外，佩特雷（Petray，2013，in Frazer & Carlson，2017）提出了"自我书写"[②]概念，该概念具体涉及原住民的经验，通过发贴、评论等方式为日常的微行动提

---

① 微行动主义强调即便是小规模、日常的在线互动，如通过社交媒体上的点赞、分享和评论，也是某种形式的政治参与。这些看似微不足道的行为可以在扩散重要信息、提高公共意识和促进政治讨论方面发挥作用。——译者注

② "自我书写"是一种通过社交媒体表达个人身份和经历的方式，尤其是对于边缘化群体而言，这种方式可以是一种强有力的抗议和自我表达工具。对于原住民来说，这不仅是记录和分享他们的日常生活与文化实践的方式，也是在较广泛的社会和文化对话中发声的方式。通过这样的在线表达，原住民可以提升对他们社区挑战的可见性，教育公众，并寻求更广泛的支持。——译者注

供了机会。同样，伦哈特（Lenhardt，2016）讨论了在美国印第安人行动主义中使用网络模因的方式，认为这是一种“低成本行动主义”，可以帮助人们感受到自己是更大群体的一部分，强调凝聚力并让被边缘化的人产生归属感（p.80）。在社交媒体上利用网络模因提倡有意识的行动主义应该是有目的的，但这种目的想达成的（正面的或者负面的）影响是相对于该群体的意识形态实践而言的。

在描述“媒体叙事”与“受众”的关系及其在网络模因中的应用之前，我先简要概述一下如何理解受众与电视内容（无论是娱乐节目还是新闻节目）的关系。传统新闻媒体的作用在很大程度上体现在再现来自支配性的、权威体系的言论、立场、观点等方面。理想情况下，对个体而言，传统新闻媒体报道的似乎都是文明社会中重要的问题和事件。此外，传统娱乐节目也具有表达社会和文化价值观的话语功能。然而，传统新闻和娱乐媒体传播的信息也都有助于构建流行文化。对于霍尔而言（Hall，1981），“流行”文化是“进行转变的基础”（p.228）。[①] 然而，这一基础是建立在有利于媒体精英的不平等权力平衡之上的。这种权力可能会受到限制，例如，当新闻媒体担心由于争议性内容而失去广告商时，或需要关注某个特定问题时，或以避免疏远大部分受众的方式呈现具有政治色彩的问题时。所以，如何解读个体所接收和享受的媒介内容仍然取决于个体本身而非媒体。媒体精英（内容生产者）所拥有的优势表明，资本主义体系是如何通过不断生产媒体文本来实现自我保护的，这些媒体文本大多是软拷贝[②]，即已知和熟悉类型的再创混编和/或再生产（Berkun，

① 霍尔的观点强调了流行文化不仅是娱乐和闲暇的表达，它还是社会力量、意识形态和权力结构发生作用的场域。媒体在这个过程中扮演着关键角色，因为它们既传播也塑造流行文化的内容。——译者注

② 媒体内容往往不是全新的创造，而是对已有内容的改编和再利用，以迎合受众的期待和喜好。这种做法是媒体资本喜好的，因为它不仅降低了内容生产的成本，还能更容易地获得受众的认可和共鸣。——译者注

2010；Lenthem，2007）。在娱乐领域，这种现象通常表现为对老剧集的翻拍或对已确立类型的重新构思。在新闻媒体中，这一过程以无休止的全天候新闻播报、不间断的突发新闻报道以及新闻与社交媒体的数字化交织的形式反复进行。此外，新闻媒体的一个附加特征是倾向于强调某些观点而忽略其他观点，并设置热点，以某种方式和目的来框定问题等。这里的关键在于，一方面，霍尔认为个体仍然可以对媒体发布的内容有自己的看法，并且有不同的解读；另一方面，他也指出娱乐和新闻媒体的运作方式确保了它们在资本主义系统中的持续生存。将这两点结合起来，意味着电视内容尤其是新闻，可以根据媒体叙事的构建和传播方式对现实世界产生影响。[①] 这是有关"媒体叙事"的一个重要观点，因为对现实世界中的人物或事件进行批评的网络模因，也必然依赖于"媒体叙事"（Wiggins，2017）。

就"受众"而言，相互影响的个体（可以是一对多、多对一、多对多等）都会对现实世界抱有某些假设。事实上，这些假设可能是个人臆造、妄想等，也可能是某些知识和思想通过媒体叙事传播的最终结果。

媒体叙事由三个基本点组成：它具有怎样的可塑性取决于提出批判性问题的能力；它能塑造观点和对现实的看法，影响一个人的决策过程；也许最重要的是，它包含了对现实世界中所发生事件的语言和图像模拟，坚持或诉诸本体论所界定的特定观点，其中可能包括有意或无意使用刻板印象、意识形态、寓言等手法。

① 霍尔的观点揭示了一个复杂的动态：虽然受众有能力对信息进行独立思考并形成个人解释，但他们接收的内容往往是经过精心设计的，以维护媒体机构的商业利益和意识形态立场。媒体通过选择性报道、强调特定的角度，或者忽略某些信息，影响公众的看法和行为。——译者注

## 6.4　媒体叙事、电视和网络模因

“媒体叙事”是以新闻或相关故事类型的形式传递信息的载体（Wiggins，2017）。在网络模因中，“媒体叙事”具有倾向于扭曲现实的功能和影响，因为在传播特定的现实世界发生的事件过程中，网络模因不可避免地将“媒体叙事”纳入其中，这意味着现实可能基于符合某些个人或团体的意识形态实践而被描绘，而不论是否真实、客观。媒体叙事存在于所有媒体形式的新闻报道中，在四种屏幕类型（电视、笔记本电脑和/或台式电脑、智能手机和平板电脑）中尤为普遍。选择从电视还是从网络（包括社交媒体）获取新闻可能只是年龄的问题（Nielsen & Sambrook，2016），不论是哪种屏幕类型，媒体叙事无处不在。

媒体叙事用隐含的意义、以符号学的形式来构建内容。例如，在自然灾害、校园枪击或内战带来的危机等悲剧事件发生之后，新闻媒体总是围绕着事件来建构叙事。某些关键词、叙事焦点、图像，甚至音乐或音效等都会有目的地被用来影响信息的接收。

伴随着媒体叙事的主要是“对立”，尤其是当话题有争议或两极分化的时候。例如，如果两个国家元首会面，新闻报道中可能会出现两个人握手或坐在一起的画面，或者可能是这两种情况的结合。如果会议发生在两国关系紧张时期，那么对立会以稳定与（想象中的）受众之间的关系的形式存在。因此，此类报道的主要功能是缓解公众对脆弱局势的担忧。诸如“参与公开对话”、“互惠互利”和/或“富有成效的对话”等短语，在言辞上传达了伴随图像想表达的内容，此类修辞手段的运用也是为了缓解媒体、国家、群体等之间的紧张，然而，这种紧张局势也可能是有意构建的媒体叙事的一部分。在这个例子中，潜在的对立两极（“不稳定”和“稳定”）中的一极（“稳定”）明显得到了强化，这样做是为了达到与设定

“媒体叙事”的功能相符的特定目的，其中对于某一极的强化始终会保持不变。

然而，在网络模因中，对立两极之间的关系可能被随意改变。事实上，网络文化模因的功能之一就是颠覆或至少挑战主流叙事。媒体叙事增加了网络模因的互文性，而值得注意的是，模因和电视之间是如何共享这种互文性和其他后现代特征的。

## 6.5 电视和网络模因的后现代倾向

虽然模因通常高度依赖互文性，但电视也在各种类型的节目中以及所有四种屏幕类型中有意无意地使用了互文性。作为一个术语，“受众”应具有延展性，以考虑到这些类型之间的承受能力、局限性或固有差异。最好的办法或许是将电视的后现代转向[①]视为网络模因高度多变特征的先驱。对互文性的依赖只是四种屏幕类型和网络模因之间许多共同点之一。

大约从20世纪80年代后期开始，电视走上了在其播放的节目中集中融入具有后现代倾向特质之内容的发展道路。具体而言，拉什（Lash，1990）认为，电视后现代转向特别表现为“审美的自我意识／自我反射；并置／蒙太奇／仿制；矛盾／模糊／不确定性；互文性和模糊的类型界限；

① 后现代转向是属于后现代理论的话语，在电视中体现为更加开放和自反的叙事方式，这种方式经常挑战传统的叙事结构，使用断裂的时间线、多层次叙述和引用其他文化文本的元素。这些特征不仅丰富了受众的观看体验，而且增强了内容的参与性和解读的开放性。后现代理论特别强调文本的开放性和多义性，网络模因完美地体现了这一点。模因的意义并非固定不变，而是根据不同受众的文化背景、知识水平和解读方式而变化。这种特征使得模因能够在全球范围内迅速传播，被不同社群以多种方式接收和再创造。——译者注

讽刺、恶搞和拼贴”。[①]（Barker，2012，p. 355）拉什认为，电视发展出了后现代倾向，同样的逻辑也适用于网络模因，特别是在符号学和互文性构造方面，这主要适用于那些具有批判性话语功能的模因。

来看一下具有上述后现代特征的几个自 2016 年以来出现的网络模因：“心不在焉的男友”，“他保护但他也攻击”（He Protec but He also Attac），“特朗普圆球”（Trump Orb），“嘲笑海绵宝宝”（Mocking SpongeBob），“梅丽尔·斯特里普唱歌”（Meryl Streep Singing），“巴巴杜”（The Babadook）（将在第 7 章讨论），“美国铁骑”（American Chopper），“帕尔帕廷的回归”（The Return of Palpatine），“撒盐哥”（Salt Bae），或者更多。“美国铁骑”的多个模因来自同名真人秀节目（该节目于 2010 年停播）的截图，并于 2017 年和 2018 年在社交媒体上广泛传播（Yglesias，2018）。“美国铁骑”模因的功能结合了互文性、自我反射、并置、讽刺和拼贴，并通过一系列的视觉论证形式来实现，这些视觉论证以命题、反驳、重申、第二次反驳和最终陈述的形式呈现。

同样的，“帕尔帕廷的回归”模因也有《星球大战前传 3：西斯的复仇》（*The Revenge of the Sith*）中角色的截图。在一个图像宏的双面板模因中，一个场景与帕尔帕廷的回答“我就是参议院”（I am the Senate）并置。在恶搞短剧《地狱厨房》（*Hell's Cafeteria*）最上面的一张图片中，

---

① 审美的自我意识 / 自我反射：电视节目常常会通过直接或间接的方式评论自身的制作过程或艺术性，受众因此被引导去思考他们所观看的内容的构造方式及其意义。并置 / 蒙太奇 / 仿制：这种技术通过将看似不相关的图像、声音和文本并置，创造出新的意义和关联，这种形式的创新使内容更为丰富、层次更多。矛盾 / 模糊 / 不确定性：后现代电视经常故意留下开放的结局或提出问题而不给出答案，挑战受众的期待并鼓励他们对所看到的内容进行更深入的思考。互文性和模糊的类型界限：这一特征体现在节目中频繁引用其他媒体作品，以及故意混淆或重塑不同类型的界限，例如将剧情片与纪录片的元素混合。讽刺、恶搞和拼贴：这些手法被用来批评或讽刺文化和社会现象，同时通过模仿和重新组合现有的风格、形式或内容，以新的视角供大家娱乐。——译者注

厨师戈登·拉姆齐（Gordan Ramsay）拿着一片面包放在一个女人头的两边，问她是什么，她回答说她是一个“白痴三明治”。网络模因是将拉什（Lash，1990）所描述的后现代特征融合和再创混编的完美载体。这些例子更多地表达了“互文性引用”，而不是特定的“受众”。这里我需要再次强调网络模因的传播功能：在某些情况下，模因的目的纯粹是娱乐；而在另外一些情况下，模因的目的是批评；在更多情况下，模因的目的是娱乐和批评的结合。上述后现代标志和媒体叙事在网络模因的建构过程中的协同作用，共同构建了符号作为在模因中进行意义创造的工具包的功能。

接下来我们将探讨把“想象中的受众”的概念应用到网络模因中。它的主要目的是将意图与创作联系起来，而无须质疑网络模因的“作者”（事实上，这一观点在第 7 章通过引入米歇尔·福柯的观点得到了进一步的扩展）。然而，后现代的标志是构建模因意义的类型选择，其中媒体叙事代表着潜在的集体无意识。尽管客观地看，媒体叙事可能部分真实或明显存在偏见，但看似真实可信。媒体叙事如何传达事件，以及它如何转化为个人对现实的感知，这些均涉及通过精心设计的批判性模因所宣传的真相的脆弱性。

## 6.6 网络模因和想象中的受众

虽然前面的章节讨论了是否有必要提及模因的受众的问题，以及媒体叙事、电视和网络模因之间的关系，但考察一些确实拥有受众的网络模因的实例对于我们的研究还是有帮助的。

具体而言，受众存在于特定的、情境化的实例中。当一个问题使个体两极分化时（Wiggins，2016），一个原本在 YouTube 上有受众（Shifman，2012；Xu，Park，Kim，& Park，2016）的模因会有更多受众，或者更普遍地说，如米尔纳（Milner，2012，p.167）指出的那样，模因为情境化的受众提供“话语真相”。然而，在网络模因中，对于“受众”一词的理解显然需要做一些改变和调整。

“想象中的受众”这个概念更好地捕捉到了思考受众和模因时所涉及的心理过程。一些研究者，如马威克和博伊德（Marwick & Boyd，2010）、贝姆和博伊德（Baym & Boyd，2012）和利特（Litt，2012）讨论了“想象中的受众”的概念。他们认为，“想象中的受众”是通过与各种形式的社交媒体互动出现的。举个例子，如果一个人在 Instagram 或 Facebook 上发布了一条消息，那么这个人脑海中有一个特定的群体，这个群体属于特定类型，或者可能是一些具体的（真实的）人。然而，这些相同的或虚拟的或真实的人可能会接收到这条信息或其预期的（编码的）含义，也可能接收不到。

如果一个人在 Instagram 上发布了一个网络模因，这个人这么做的动机与他在发布时想到的人有关。这种动机在很大程度上是基于对某些特征的假设，这些特征既与网络模因的主题一致，也与想象中的受众一致。这一过程与身份的建构和协商密不可分，对此我们将在下一章详细讨论。为了结束这一章以及“想象中的受众”这一节，我想引用我在 2014 年研究模因时引入的一个概念——“指向性”。“指向性”同时揭示了至少两种受众，即准备欣赏批评（通常以幽默的形式出现）的受众和批评所针对的受众。在这两种情况下，虽然我们对模因所指向的对象了解更多，但“想象中的受众”这一概念仍然提供了实用性的价值。揭示性的受众[①]能够理解特定模因所象征的“指向性”，因为这种指向性揭示了一个群体在特定问题上的边界；“想象中的受众”表明，表达自我的过程最终仍然意味着，在与作为文化商品的模因以及彼此的关系中，我们是谁的某些假设仍然存在。接下来的章节将研究身份和网络模因。

---

① 当受众能够明确理解他们对特定模因所象征的指向性时，我们称这些受众为“揭示性的受众”，即受众不仅接收使用模因内容，而且能够理解模因背后的深层含义、目的以及社会、政治背景。——译者注

## 参考文献

Baran, S. J., & Davis, D. K. (2009). *Mass communication theory: Foundations, ferment, future.* (5th ed.). Boston, MA: Wadsworth Cengage.

Barker, C. (2012). *Cultural studies: Theory and practice* (4th ed.). London: Sage.

Baym, N. K., & Boyd, D. (2012). Socially mediated publicness: An introduction. *Journal of Broadcasting & Electronic Media, 56*(3), 2012, 320 - 329.

Berkun, S. (2010). *The myths of innovation*. Sebastopol, CA: O'Reilly.

Dewey, J. (1927). *The public and its problems*. New York: Holt.

Frazer, R., & Carlson, B. (2017). Indigenous memes and the invention of a people. *Social Media + Society*, October - December. 1 - 12.

Grunig, J. E. (1997). A situational theory of publics: Conceptual history, recent challenges and new research. In D. Moss, T. MacManus, & D. Vercic (Eds.), *Public relations research: An international perspective* (pp. 3 - 48). London: International Thomson Business Press.

Grunig, J. E., & Hunt, T. (1984). *Managing public relations*. New York: Holt, Rinehart and Winston.

Hall, S. (1981). Notes on deconstructing 'The Popular'. In R. Samuel (Ed.), *People's History and Socialist Theory* (pp. 227 - 240). London: Routledge.

Hall, S. (2012). Encoding/decoding. In M. G. Durham & D. M. Kellner (Eds.), *Media and cultural studies: Keyworks* (pp. 137 - 144). Malden, MA: Wiley-Blackwell.

Harriot, M. (2018, June 8). Philadelphia police department changes trespassing policy after Starbucks incident. *The Root*. Retrieved from: https://www.theroot.com/philadelphia-cops-change-trespassing-policy-after-starb-1826683547.

Herzog, H. (1944). Motivations and gratifications of daily serial listeners. In P. F. Lazarsfeld & F. N. Stanton (Eds.), *Radio research, 1942 - 1943*. New York: Duell, Sloan and Pearce.

Lash, S. (1990). *Sociology of postmodernism.* London and New York: Routledge.

Lenhardt, C. (2016). "Free Peltier now!" The use of internet memes in American Indian activism. *American Indian Culture and Research Journal 40*(3), 67 - 84.

Lenthem, J. (2007, February). The ecstasy of influence: A plagiarism. *Harper's Magazine.* Retrieved from: https://harpers.org/archive/2007/02/the-ecstasyof– influence/.

Litt, E. (2012). *Knock, knock*. Who's there? The imagined audience. *Journal of Broadcasting & Electronic Media, 56*(3), 330 - 345.

Lowery, S. A., & DeFleur, M. L. (1995). *Milestones in mass communication research*. (3rd ed.). White Plains, NY: Longman.

Marichal, J. (2013). Political Facebook groups: Micro-activism and the digital front stage. *First Monday, 18*, Article 12.

Marwick, A. E., & Boyd, D. (2010). I tweet honestly, I tweet passionately: Twitter users, context collapse, and the imagined audience. *New Media & Society, 13*(1), 114 - 133. doi:10.1177/1461444810365313.

Merkel, Bundeskanzlerin. (2018, June 9). [*Photo of the G7 Summit*]. Retrieved from: https://www.instagram.com/p/Bjz0RKtAMFp/.

Milner, R. M. (2012). *The world made meme: Discourse and identity in participatory media.* (PhD thesis). The University of Kansas, Lawrence, KS.

Nielsen, R. K., & Sambrook, R. (2016). What is happening to television news? *Digital News Project 2016*. Reuters Institute for the Study of Journalism. Retrieved from https://reutersinstitute.politics.ox.ac.uk/sites/default/files/2017–06/What%20is%20Happening%20to%20Television%20News.pdf.

Shifman, L. (2012). An anatomy of a YouTube meme. *New Media & Society, 14*(2), 187 - 203.

Swaine, J., & McCarthy, C. (2017, January 8). Young black men again faced highest rate of US police killings in 2016. *The Guardian: The Counted.* Retrieved from: https://www.theguardian.com/us-news/2017/jan/08/thecounted-police-killings–2016–young-black-men.

Wiggins, B. E. (2016). Crimea river: Directionality in memes from the Russia-Ukraine conflict. *International Journal of Communication, 10*(2016), 451 – 495.

Wiggins, B. E. (2017). Navigating an immersive narratology: Fake news and the 2016 U.S. Presidential campaign. *International Journal of E-Politics, 8*(3), 16 – 33. doi:10.4018/IJEP.2017070101.

Yglesias, M. (2018, April 10). The *American Chopper* meme, explained. Vox. Retrieved from: https://www.vox.com/2018/4/10/17207588/americanchopper-meme.

Xu, W. W., Park, J. Y., Kim, J. Y., & Park, H. W. (2016). Networked cultural diffusion and creation on YouTube: An analysis of YouTube memes. *Journal of Broadcasting & Electronic Media, 60*(1), 104 – 122.

# 第7章 身份及身份认同

研究网络模因意味着要通晓人类本性，尤其要通晓无论是在线上还是在线下个体如何看待自己和如何向他人展示自己。因此，在研究网络模因时，身份和身份认同是不可或缺的，本章将分析一系列案例，专门阐述和展示作为确定性身份建构一部分的模因如何被使用，但在此之前，我们有必要先回顾一下与身份及身份认同相关的研究。

身份作为一个概念，无论是从哲学到政治学，还是从文化研究到后现代研究，都具有宽泛而确定的立场。本质上而言，当我们希望了解身份的行为方式是如何被建构的时候，探讨身份的概念是十分重要的。我对与网络模因有关的身份认同观点主要来源于朱迪斯·巴特勒（Judith Butler）关于性别的研究[①]；此外，我对身份认同的看法还得益于安东尼·吉登斯表达的观点，这将在后面的章节中讨论。巴特勒（Butler，1988）指出："性别绝不是一个稳定的身份或行动的出发点；相反，它是随时间而形成的脆弱身份——一种通过*行为的程式化重复*而建立的身份"（p.519，原文为斜体字）。这种随时间流动形成的特质依赖于递归式"行为的程式化重复"，是理解身份如何建构的绝佳方式，这也类似于话语如何创造特定知识内容的方式。正是通过文本、语言、视觉等因素的交流，身份认同得到了协商。然而，个人的意识形态实践不可避免地制约和/或解构着各种可能的身份。

---

① 巴特勒的"性别扮演理论"（gender performativity）认为，个体通过重复社会规定的性别特定行为，来"扮演"其性别身份。这些行为包括穿着、言语、动作和日常社交互动，它们共同构成了人们对于"男性"和"女性"的理解和期望。——译者注

## 7.1 本质主义与建构主义

对身份认同的理解有两种主要研究方法，即本质主义和建构主义。前者假定一个人天生具有某种本质，使他们成为这种人而不是那种人，而后者则断言一个人的身份是由社会后天建构的。拉克劳（Laclau，1977）提出的观点呼应了社会建构主义的看法，他认为，诸如身份之类的话语概念是临时构建的，并且至少在一定程度上由霸权力量所确立。建构主义强调霸权是身份建构的来源，这让人联想到意识形态将个体纳入主流的过程，本书对身份认同的讨论沿袭了类似的思路。

由于在建构主义、后结构主义甚至后现代的身份研究方法中，语言、表达和意义在一定程度上相互交叉，社会建构主义方法与网络模因的相关性可见一斑。网络模因的符号学建构转化为对流行文化的多重引用，包括图像、视频、文字等的组合，都是为了协商意义。

此外，探讨与身份认同和网络模因相关的文献，特别是那些基于批判性文化理论进行论证的观点，将尤其有助于我们理解身份建构。

## 7.2 身份的临时性和不稳定性

身份是一种临时的、相对不稳定的东西，它在很大程度上是通过标记差异来建构的。一个群体的身份之所以存在，是因为“你之所以是你，是因为你不是他者”，也就是说，它缺乏本群体外部其他群体身份的特征，因为它与其他群体不同。身份的临时性和不稳定性导致其天然具备某种程度上会带来焦虑的特性，尤其是当人们意识到自我的身份不稳定，而且不断变化的时候。这种焦虑助长了人们扮演所给定身份的行为，强化了其维护自我身份并逐渐产生归属感的动机。此外，身份认同涉及两极分化的二分法，例如男人 / 女人，其中一个类别“男人”需要另一个相反类别来印证，这一相反类别因此可能被视为越规的、附属的，或只是次于“原初”类别。朱迪思 · 巴特勒（Judith Butler，2004）注意到，当个体得知一个孩子出生时，他们几乎会立即

> ……询问某些性别差异的解剖学特征，因为我们认为这些特征在某种意义上决定了孩子的社会命运，而无论这种命运是什么，都是由一种性别系统制定的，这种性别系统建立在所谓的二元对立的自然性别基础之上。
>
> （p. 31）

在关于“男人”和“女人”性别属性的讨论中，巴特勒的主要论点是重新考虑“性别”的概念化，这一概念化的前提条件应当是扮演（performative）的、因时因地而变化的，而不是稳定的。事实上，巴特勒（Butler，1990，p. 25）认为，“性别被证明是扮演的——也就是说，所谓性别这个身份是在行为方式实施的过程中建构的”。从这个意义上说，性别一直都涉及行为，尽管或许有人会说行动的主体总是先于行动而存在。 性别是扮演的这一概念强调了意识形态实践对个人的影响程度；同样，“身份”也是扮演的，它是由个体碰巧居住的社会体系的结构特征所影响或强化的。因此，在先决条件期望之外对性别或身份的调整或改变是不正常的，在价值观上是被边缘化的。我这样说不是为了进行道德评判，而是对身份认同做一种批判性解读。

身份源于语言，并通过话语得以维系——这一点与拉康以及福柯所说的权力表达或行使尤为有关。这体现在对诸如“自由”“人权”“恐怖主义”等抽象词语的应用上。如一个人眼中的“恐怖分子”可能是另一个人眼中的“自由战士”。福柯的这一观点进一步阐述了身份是一种类别界定，它是在话

语实践中有目的地建构起来的，在这种实践中，通过行使权力，某些群体得以体现，或通过划分差异而被创造出来，因此，毋庸置疑，由话语创造出来的群体还会被以同样特定的话语方式（积极或消极地）对待。

网络模因是网络空间身份建构的象征。然而，这一建构的过程并不一定是在一个充满积极和善意的情形中进行的。在许多情况下，身份的界定是通过对假定的他人的愤怒的表达来完成的，之所以有这样一个过程，或许至少部分原因是为了在一定程度上抵消身份维护中的焦虑。尽管身份认同在本质上是不断变化的，但这种努力试图维持某种稳定和持久的假象。

在安东尼·吉登斯（Anthony Giddens，1991）看来，身份的碎片化效应得到了体现。他的讨论基于全球化及其对个体和社会生活影响的分析，但鉴于人机交互的动态性，这一讨论同样适用于网络空间。具体来说，吉登斯提出了“脱域性”（disembeddedness）和“脱域”（disembedding）[①]的术语。从根本上说，这些术语在概念上表明，由于信息和通信技术带来的相对化，以及晚期资本主义带来的社交媒体平台，个体已经从他们的原始语境“脱域”或者“抽离出来”。

对吉登斯来说，身份认同既是过程又是结果，是一项必须不断调整和维护的事业。此外，无论是在线上还是在线下，建立身份认同以及由此产生的对群体、社区等的归属感是不可避免的，也必然意味着身份认同要与消费文化及由此出现的一切产生关联。为了获得社会地位，个体也通过获取物质财富来建构自己的身份。吉登斯关于身份认同的观点与阿尔都塞学派的观点产生了联系，阿尔都塞认为，意识形态既是一种赋能力量，也是一种约束力量：为了加入一个群体，一个人必须表达某些符合该群体身份的信息或倾向（也包括不符合该群体特征的信息或倾向）。就网络模因话

① 即个体不再受到传统的地理和社会限制，能够跨越边界参与更广泛的社会互动和文化交流。这一过程不仅会改变人们的社会关系，也会重新定义个体的身份以及社会参与的方式。——译者注

语实践而言，吉登斯有关身份认同的观点表明：后现代性鼓励个体通过持续的沟通和由此带来的反思性实践，[①]寻求产生和加强相互信任的关系。值得注意的是，这适用于任何使用数字技术进行传播的群体。当身份处于变化之中，并努力提升内部群体的重要性，使其超越外部群体或其他群体时，悲剧可能就会出现。关键在于，在身份认同的协商过程中，以模因、假新闻等形式实现病毒式传播的信息，与媒介化传播形式的调整，都是为了维护拥有共同意识形态实践群体的利益。接下来的两个案例探讨了身份认同是如何以不同的政治和社会文化形式进行协商的，尽管两者呈现的形式不同却具有相似效果。

第一个案例是我调查了与性少数群体相关的人。使用性少数群体例子的理由相对简单，正如 D. 特拉弗斯・斯科特在他对“还布兰妮自由”[②]模因的分析中指出的那样，“证据并不总是来自有关多数人的例子，特别是对于被征服的民族和被污名化的知识对象而言”（D.Traverse Scott，2014，p. 309），这一案例研究的重点是所谓的“巴巴杜”模因。第二个案例是“为我们的生命游行”运动，该运动部分源于 2018 年 2 月 14 日发生在佛罗里达州帕克兰马乔里・斯通曼・道格拉斯高中的校园枪击案，但也包括了性少数群体的运动。

---

① 吉登斯强调的反思性实践在现代身份构建中是一个重要概念。反思性实践指的是个体对自己的生活选择、行为和社会关系进行持续的审视和思考。这种自我反思不仅能够帮助个体理解自己在不断变化的社会中的位置，也使他们能够根据自身的价值观和经验来调整自己的行为和决策。——译者注

② “还布兰妮自由”（Let Britney Alone）是 2007 年在 YouTube 上掀起热潮的一个短视频。这一短视频的录制者是著名歌手布兰妮的粉丝克里斯・克罗克（Chris Crocker）。克罗克当时只有 19 岁，他在视频中带着乞求的语气和哭诉的表情请求布兰妮的粉丝对她好一点，他说布兰妮这么不容易，请放过布兰妮，让她自由地去做想做的事。这段视频上传到 YouTube 后被无数人模仿改编，迅速席卷了互联网，成为当年播放量最多的视频之一，克罗克也凭借这个视频成功变成了网红。——译者注

## 7.3 巴巴杜：恐怖电影中的怪物成为某种特殊图形标志？

网络模因有时来自意想不到的地方，但有一个一致的特征，即模因有助于个人和群体共享话语。互联网是话语表达的渠道，当个体领会、接受或拒绝与某一特定意识形态实践相一致的属性时，身份建构就会陡然发生。这可能会产生积极或消极的现实影响。巴巴杜模因为我们提供了一个机会，以观察社群建设、身份重建、循序渐进的一系列信息，这些信息既针对（或呼吁）一个群体，又递归地重构该群体的身份。以下将讲述巴巴杜模因是如何发展的，它对性少数群体意味着什么。

当然，我的观点并不预设性少数群体具有普遍、同质化的群体身份。相反，正如关于身份的叙述一样，任何群体或社区的身份都是不断变化的。然而，为了让群体了解和识别身份，某些构成元素尽管不一定具有普遍性，但对身份认同必定十分关键。同样，我也并不认为巴巴杜在性少数群体中会被普遍接受或使用，相反，这个案例只是揭示了群体如何利用图像来强化他们身份认同中的相互感知，以维护其身份并显示对他们的支持。

《巴巴杜》是一部于 2014 年上映的澳大利亚超自然心理恐怖电影。在这部电影中，妈妈给儿子读了一本同名儿童故事书，结果出现了一个名叫“巴巴杜”的怪物，它以恐惧为食物，播下焦虑和偏执的种子。这个角色的意外召唤和电影主人公随后试图“摆脱它”，是作为性少数群体成员生活的隐喻。从隐喻的角度看，电影中把巴巴杜放回壁橱的做法是为了解决性少数个体焦虑的问题。虽然这部电影于 2014 年上映，但直到 2016 年底至 2017 年，巴巴杜才成为代表性少数群体的形象。一个特别的模因将电影《巴巴杜》作为 Netflix 网站上性少数群体电影类别的众多选项之一，另一个模因则将电影中的怪物再创混编成某些特定社会群体的图标。

随后，网上出现了关于巴巴杜的言论（Hunt，2017），其中包括对“鲁保罗变装皇后秀”（Rupaul’s Drag Race）的再创混编，并提到了巴巴杜的形象。

## 共鸣：巴巴杜、Facebook 和身份

巴巴杜于 2016 年和 2017 年出现在社交媒体上的部分原因可能与 Facebook 的某个页面有关，该页面于 2015 年 6 月 26 日启动，并增加了一个用特定按钮回应帖子的选项。巧合的是，页面发布的日期与美国最高法院对奥贝格费尔诉霍奇斯（Obergefell V.Hodges）案的裁决是同一天，而该裁决成功地使同性婚姻合法化。Facebook 的研究部门得出结论：由于这项裁决，Facebook 的用户在社交媒体上公开露面的情况增加了，同时展示了对裁决的支持及其对社会和文化关系的影响（State & Wernerfelt, 2015）。

在身份建构过程中，对巴巴杜模因的大量再创混编和使用是在 2017 年 6 月偶然出现的。正如许多模因的常见现象一样，模因的流行和使用往往会有一个激增期，随后进入认知期，这一时期模因的流行度通常会减弱或不再像最初那样显著。无论模因的流行度如何起伏，其在身份构建中的作用都值得我们从前面提到的角度进行更深入的分析。

作为一个具体涉及性少数群体的案例，巴巴杜模因如何有助于理解一般意义上的身份建构呢？在这里，首先需要提及的是，共鸣可谓一个很有用的概念，因为性少数群体的身份建构往往包含支持、团结、同情以及焦虑、压抑和边缘化等概念。这个观点在斯科特（Scott，2014）对“还布兰妮自由”模因的研究中得到了呼应，他指出，在克里斯·克罗克（Chris Crocker）上传这一视频的原始版本中，“克罗克说服受众成为他的保护者，同时唤起他们的同情心和弱势心理”（p.318）。因此，情感共鸣“指的是由情感产生的正反馈循环，尤其是指当一个人看到另一个人的情感表

现时，与之产生共鸣并体验到同样的情感反应”（Gibbs，2013，p.3，in Scott，2014，p.316）。将巴巴杜形象作为模因使用显然是情感共鸣的一个例子，类似于在悲剧发生或纪念某人或某个事件时，人们表现出的支持倾向。这也类似于 Facebook 用户在遭遇灾难或恐怖袭击后，使用“我是查理”[①] 模因或更改他们的个人头像图片以示声援。

巴巴杜模因的不同之处在于它所代表的网络社区是什么。在我看来，巴巴杜具有提示性隐喻的功能：用一个视觉短语来代表一个更大的表征系统。在这种情况下，它在符号学上意味着一种隐喻的焦虑和痛苦（类似于电影中放弃和驱逐巴巴杜的愿望）。采用巴巴杜作为性少数群体的临时性象征也强调了这样一个概念，即身份必然总是临时和不稳定的，它需要被递归地重新定义，以便让网络社区的成员知道他们应该认同什么，而无论这是什么样的社区。

巴巴杜模因案例说明了社交媒体工具如何为个人提供机会，它使得个体能够展示自己和感知某种支持并融入社区，从而实现具体情境中的身份认同。此外，詹金斯、伊藤和博伊德（Jenkins，Ito and Boyd，2016）认为，参与式文化——表面上包括所有类型的群体文化——的目标是“不断创造比以前更具参与性的语境…… 参与式文化不是要创造一种特定的社会形态，而是要人们参与到志同道合的集体活动中，并不断挑战自己，以便赋予这种活动更重大的意义，并能够提供提高参与度的机会”（p.182）。我为他们暗含的乐观而鼓掌，很明显巴巴杜是对性少数群体表达积极支持的象征，至少在特定的时间点上是这样的。一些学者站在网络知识分子的立场上，赞扬社交媒体解放参与式文化的作用；另一些学者则表示，尽管

---

① “我是查理”指 2014 年冬季发生在巴黎的一起恐怖事件，一名枪手冲进《查理周刊》杂志社打死了数名工作人员。枪击事件后，欧洲不少国家发生了大规模游行示威，游行队伍高举“我是查理”的标语牌，以支持《查理周刊》并谴责这种恐怖行为。——译者注

社交媒体具有解放参与式文化的作用和 / 或促进社会进步的可能性，但一些群体中仍然存在因为尚未做好准备而陷入被边缘化危险中的个体。作为一种模因（省略推理法，视觉论证），巴巴杜可以很好地隐喻这种区别。

我的部分主张是，为了建构共同的身份而利用网络模因的过程可能会改善网络用户自卑和焦虑的情绪，这或许只是暂时的，却比较见效。此外，社交媒体等在线环境还有助于处理抑郁等问题（McDermott，Roen，& Piela，2015）。如上所述，共鸣，或者更具体地说，情感共鸣也有助于解释在身份构建过程中使用在线媒体工具的原因，特别是对于寻求同情和支持的团体而言。斯考特（Scott，2013）指出，情感共鸣也可以被理解为互文性的一种形式，即通过媒体的生产、分享、策展和消费，以及对涵盖特定群体身份内容的应用，有助于“放大、澄清和丰富同情的元素”（Scott，2014，p.316）。这里斯考特所表达的是对互文性略有修饰的一种观点，但这一有关情感共鸣的观点对我们的后续论述是有帮助的，考虑到性少数群体确实使用网络工具来协助身份构建和社群建设，将巴巴杜模因应用于内部群体中，通过内部群体对巴巴杜的认知和了解来实现互文共鸣，因为巴巴杜模因代表着某些特定群体对现实的一种抗争。此外，这些认知以模因的形式用图像重新再创混编，然后得以快速传播和再生产，并再次获得共鸣，从而巩固了群体的社会结构并重构了身份。

巴巴杜代表了一种通过解读而出现的模因，这种解读可能不是源文本作者（在这一案例中指创造了巴巴杜形象的电影）的意图。鉴于该模因的产生、策展、分享、再创混编和进一步迭代的速度如此之快，原创作者用沉默间接表达了一种回避参与的态度，这意味着，个体创造了一个（类似再创混编的）模因，它是正在进行或已经开始的话语的一部分，由此我们可知，模因所建构的是一种话语，它不是被人引用的话语，而是更进一步的、用以共生的或具有重新指向性的话语。

当我们将模因视为文本时，已有模因的作者身份就会显得不那么重要，或者说某种程度上讲就应该是不重要的。如果我们要赞赏生产模因的作者，我们会发现自己可能偏向于某一特定类型或子类型的模因。巴巴杜等网络模因的出现是自发的，而 4chan、Reddit、Facebook 等往往是网络模因生产和传播的场所。这一观点并非要贬低在专门为制作和传播模因而设计的网络空间中产生的模因的功能，而只是承认其中差异的存在，同时提示我们，模因可以而且正在被用作人类语言的一种视觉补充，类似于情感符号（emoticon）和表情符号（emoji）。下面这个案例将探讨网络模因在美国校园枪击悲剧事件发生后所扮演的角色。

## 7.4 “为我们的生命游行”：帕克兰校园枪击案余波

2018 年 2 月 14 日，尼古拉斯 · 克鲁兹（Nikolas Cruz）在 Uber 上约了一名司机前往马乔里 · 斯通曼 · 道格拉斯（Marjory Stoneman Douglas）高中。他对司机说自己要去上音乐课，可能是为了分散司机对他随身携带的背包和行李袋的注意力——事实上他在里面放了一支 AR-15 突击步枪和大约 150 发子弹（Neal，2018）。一进学校，克鲁兹就拉开了枪栓，开始不加选择地向人群扫射。需要指出的是，克鲁兹刚刚通过了持枪申请的背景调查，并成功获得持枪证，其使用的 AR-15 是合法购买的。他杀死了 17 人，年龄从 14 岁到 49 岁不等，并打伤了 15 人。

2 月 17 日，无数学生和其他相关人士发起了“支持佛罗里达枪支安全和立法集会”。这是一场广泛的社会运动，是对该悲剧的最初、相当原始和激动的反应。由此一个由学生领导的枪支控制组织——“永不再发生 MSD”（“MSD”即马乔里 · 斯通曼 · 道格拉斯高中英文名的首字母）诞生了。悲剧发生后，社交媒体上充斥着“# 永不再来”和“# 够了 !”等标签。同年 3 月 24 日，一场得到充足资金支持的、由学生领导的游行在华盛顿特区以及美国和全球其他许多城市举行，美国约有 200 万人参加，其中仅华盛顿特区就有 80 万人参加（Sit，2018）。

网络上对学生们的倡议反应不一，有支持的，也有批评的，有乘机利用社交媒体建立社群的，还有通过传播以假新闻为导向的模因来讽刺——如果不是痛斥的话——学生活动分子的。其中一系列网络模因的主角是帕克兰校园枪击案的幸存者艾玛·冈萨雷斯（Emma Gonzalez）①，她在悲剧发生后发表的演讲引起了国际关注。在涉及冈萨雷斯的一个例子中，爱荷华州共和党政客、众议院议员史蒂夫·金（Steve King）在其 Facebook 页面发布了一张图片，谴责冈萨雷斯在 2018 年 3 月 24 日“为我们的生命游行”示威活动中发表激情演讲时，在她的夹克上出现和使用古巴国旗。这一模因得到了超过 6000 个“关注”、3000 多个“点赞”，2000 多次回复使用了“愤怒的表情”。或许最为重要的是，它被分享了近 4 万次。在近 7000 条评论中，人们可以清楚地看到不同的话语在起作用，在社交媒体大漩涡中，显而易见存在着有关这一事件意见的深刻甚至两极分化的分歧。

一些关于冈萨雷斯的模因以 GIF 动图的形式在网上传播。在模因中，冈萨雷斯以撕毁美国宪法的形象出现。这一动图在网上迅速传播，尤其是在保守派、极右翼或具有另类右翼政治身份的群体中。这张动图实际上是由自称右倾的“言论自由社交网络”Gab② 创作并于 2018 年 3 月 24 日在 Twitter 上发布的，它获得了近 2000 次转发和 3800 个赞。在 Gab 上发布这张 GIF 动图几小时后，该动图的制作者公开声称，它应被视为政治讽刺 / 恶搞（Mezzofiore，2018）。

---

① 作为 2018 年佛罗里达州帕克兰市高中枪击事件的幸存者之一，艾玛·冈萨雷斯后来成为美国著名的呼吁枪支管制的活动家。她在社交媒体上非常活跃，经常通过 Twitter 等平台传播她的控枪观点。她的形象和行动激发了广泛的社会关注和支持，同时也遭到了部分反对控枪团体及个人的批评和攻击。——译者注

② 美国的一个社交媒体平台。——译者注

特别具有讽刺意味的是，这些仇恨言论是因冈萨雷斯撕毁了美国宪法的传言引发的。如果她真的撕毁了一本宪法，她将受到言论自由公约的保护。而同时我们看到在这个案例中，枪击案肇事者尼古拉斯·克鲁兹在枪击案发生之前，曾在 YouTube 上表示，他想成为一名职业校园枪手。这一信息曾被报告给了美国联邦调查局（FBI），但由于受到第一修正案的保护，FBI 并没有跟进调查，正如那些拒绝接受冈萨雷斯以及她所代表的人所制作的超现实 GIF 所描绘的那样。显然在这个案例中，如果克鲁兹在枪击之前实际威胁到某个真实的人，那情况会有所不同，但由于据称他只是威胁要杀人，而这种口头威胁并不受法律制裁，导致此事在很大程度上被忽视了。但是，当年轻的双性恋古巴裔幸存者冈萨雷斯站出来就 AR-15 等武器的使用问题发表自己的看法时，这本身就代表着全国步枪协会（NRA）的政治影响力，随之而来的是大量充满恶意的模因。

## 隐喻的作用：反射镜舞台表演[①]

在冈萨雷斯 GIF 动图的符号暗示性方面，其功能与隐喻非常相似。根据翁贝托·艾柯（Umberto Eco，1986）的观点，隐喻让我们对插入的知识细节的了解多于填入的示意关系。换句话说，将冈萨雷斯 GIF 动图再创混编成她撕毁美国宪法的模因，这种行为不仅是视觉上的修改，而且更深刻地反映了那些认同、分享和发布这个 GIF 动图的人的心态，尽管他们知道或怀疑它是假的。事实上，帮助这张动图走红的人之一是演员及保守派代表亚当·鲍德温（Adam Baldwin），其在 Twitter 上拥有 20 多万粉丝，他声称，他知道这是一张篡改过的图片，但它的目的是服务于“政治讽刺”（Danner，2018）。同样，借鉴艾柯的观点，这些通过片段或

① 该理论由意大利学者翁贝托·艾柯提出，这里指的是一种艺术表现手法，通过像镜子一样的反射或呈现技术，使作品能够多层次地反映现实，在受众心中产生更为复杂和深入的共鸣，以达到意识形态实践的目的。——译者注

图像来迎合特定意识形态实践的例子，体现了艾柯对“反射镜舞台表演”（procatoptric staging）的阐释。艾柯认为，从本质上而言，当一场戏剧上演时，受众很清楚地知道这就是一场表演，而不是现实。

艾柯（Eco，1986）声称，无论我们以怎样的方式操纵现实，我们都是在创造意识形态（p. 103）。戏剧表演被受众误以为是现实，正是艾柯所描述的“反射镜舞台表演”的本质，（p.219）声称看到了冈萨雷斯撕毁宪法的人们，就是将这些说法误认为是真实的舞台表演。也许更糟糕的是，就像鲍德温的例子一样，“反射镜舞台表演”意味着人们明知这些图像是假的，但为了将自己的意识形态实践具象化，还是会去分享它们。

让我们再次回到艾柯（Eco，1986）的观点，即对现实的操纵本质上是对意识形态的创造，这意味着：“我们必然会选择群体的一个属性——无论是已知的还是假定的属性——然后通过选择代理将其附加到对该群体的认识上。”（p.103）通过这种方式，网络模因可以利用强烈的情感（如恐惧和仇恨）共鸣来强化身份认同，从而传达信息目的或者是引发某些东西实现病毒式传播，或者是制造混乱。下一节将对这两种情况的影响进行比较。

## 7.5　让这一切变得有意义

巴巴杜模因为构建与性少数群体相关的身份提供了一个视角。帕克兰校园枪击案悲剧及其后续学生的激进行动在网上遭遇了大量模因嘲讽和讥笑，这些模因还把他们的行动归因于阴谋论。这种奇特的并置——巴巴杜模因的积极进步性和攻击帕克兰学生模因的恶意之间——表明了两种可能的结论之一，即网络模因往往或者可能缓解极化，或者可能加剧极化。一方面，社交媒体是否可以作为一种宣泄仇恨的渠道，类似于在电子游戏和暴力研究中的宣泄理论，通过在网上表达仇恨、愤怒和挫败感，而实际上产生了一种社会公共效益？[①] 另一方面，社交媒体及其碎片化、算法互动、机器人等是否真的会加剧这种情况，使人们的神经更加紧张，增添愤怒，并为仇恨性的言论辩护？或许我们在这里最好将社交媒体视为一种中立但并非无害的力量。它既可以帮助缓解紧张局势，但也可以成为发表假新闻和仇恨言论的论坛。

具体地说，至少就身份建构而言，差异的标志——无论是有意识地、故意地还是以其他方式实现的——在以上两种情况下是决定性因素。然而，当某些行为或声音被赞扬时，那些与行为投射的身份不一致的声音就会被间接排除。这不应当是有争议的。但是，当我们看那些反对艾玛·冈萨雷斯的模因时，会发现一个非常相似的过程。这里的重点是，在身份构建过程中，区别某人某事的标记应该被视为的一个中立类别。[②] 当个体在网络社区分享巴巴杜模因时，这种行为被视为一种积极的互动过程。同样，当个体分享史蒂夫·金议员的图像宏模因，展示艾玛·冈萨雷斯穿着印有古巴国旗的夹克，或是大卫·霍格作为备受争议的演员有关他的谣言得到病毒式传播时，这些行为也可以在特定的网络社区中被视为一种积极的互动过程（Farhi，2018）。在巴巴杜模因和帕克兰校园枪击案两个案例中，身份是递归地构成的。如果再次回顾吉登斯的观点（Giddens，1991），我们就会发现，构建和维持身份的争议意味着这两个（可能是极端的）例子发展的过程本质上是相同的。正是在为此类战略目的布置模因的话语实践中，身份认同可以同时实现以下几点：灵活地调整自己、适应新的信息、

---

① 在社交媒体上的各种宣泄或许是因为对时局的不满，或许是因为对社会弊病的愤怒，最终可能形成一股推动改革或者说推动社会进步的力量，因而成为社会公共效益的一部分。——译者注

② 区别标记是指通过特定的行为、符号或表达方式来区分某个群体或个人与其他群体或个人的不同。中立类别指这个过程本身是中立的，不应被视为好或坏、积极或消极。——译者注

评估新信息并确定它是否符合自我的观点。在这一身份协商的过程中[①]，制约力量显然决定了我们的选择，如我们希望如何在网上被看到，如何顺应群体的压力，等等。

## 7.6　模因至死?

最后，我们不妨以尼尔·波兹曼作品的观点来结束本章的对话。在他（Postman，1985）的《娱乐至死》中，波兹曼的中心论点是，一种特定的媒介只能维持一种特定的思想水平。延伸马歇尔·麦克卢汉的媒介生态论（媒介作为我们所处的环境，不可避免地影响我们，同时我们也能够影响媒介），波兹曼认为，电视上的内容，尤其是新闻，已经退化成了一种商品化的东西，是一种基础消费而不是智力消费的东西。他引用了现代美国总统（尽管他当时指的是罗纳德·里根）的例子，说明他们更多地通过视觉形象而非言论或文字被人们所熟知，这与 19 世纪总统竞选形成鲜明对比。声音片段的力量也推动了消费内容的商品化，而不是引发思考、讨论和辩论等。

想象一下波兹曼会如何评论本章的内容。社交媒体能够让高度特定化的群体和社区表达、传播、扩散他们的思想和观点（通常以网络模因的形式），从而根据与特定群体、社区、问题等相一致的意识形态实践，进一步服务于召唤思想相同的个体[②]。波兹曼的中心论点不仅适用于一般的社交

① 身份协商的过程指个体在社交环境中通过互动表达和确定自我身份的过程。这个过程涉及个人行为方式试图符合社会的期望，并会根据互动中的既有价值观做出各种调整。——译者注

② 哲学术语“召唤”（interpellate），指的是如何通过社交媒体将个体召唤为特定的社会和文化角色，该角色通常与他们所在群体的意识形态一致。同时这里的“召唤”也包含了阿尔都塞“意识形态召唤”的含义，路易斯·阿尔都塞提出的意识形态召唤理论指出，意识形态通过各种仪式和实践将个体召唤为特定的主体。社交媒体通过传播特定的模因和观点，将个体召唤为特定意识形态的支持者。——译者注

媒体，也适用于同一媒体所允许的特定传播形式，它提出了一种反乌托邦的观点。波兹曼还建议在使用模因和接受模因时要谨慎。他对美国电视的分析显示，受众可能会围绕内容聚集，而这些内容可能是针对同类受众设计的，就好像其中包含的信息是为每个人精心包装的一样。网络模因在身份协商过程中起到的作用大抵类似。

开展严肃的讨论和辩论需要拥有丰富信息并见多识广的个体参与，他们愿意审视自己的观点，在必要时重新评估，并尊重和审慎思考他人的观点，尽管他们可能不同意这些观点。然而，冈萨雷斯 GIF 动图作为网络模因在 Twitter 上实现病毒式传播，或以模因形式对帕克兰学生的谩骂，反对他们提出可行的枪支控制计划，都表明了一种向部落主义的退缩，一种对知情讨论和辩论的退缩，以及对他人观点价值的否定，尤其是在有证据的情况下。

相反，网络模因并没有鼓励建立社会纽带、缓解紧张局势、减轻挫折和愤怒，个体可以通过模因作为假定身份的影子来进行表达。这种意识形态实践表现在严格遵循构成特定群体凝聚力的价值观方面。显然，如同巴巴杜模因以及许多其他模因的例子，网络模因可以达到支持性的（如果不是更普遍的）积极目的。然而，这个例子自然植根于这样一种认识，即由于担心被边缘化和被排斥，这种支持是必需的。

最后，我想引用耶鲁大学理查德·C. 莱文历史系教授蒂莫西·施耐德的研究成果。在谈到英国脱欧公投以及唐纳德·特朗普在 2016 年令人震惊的选举胜利所引发的担忧时，施耐德表示，我们正进入一个他称之为“永恒政治”的历史时期（这在“政治模因”一章中讨论过）。从本质上说，“永恒的政治是对历史的伪装，尽管是一种不同的伪装。它关注过去，但以一种自我陶醉的方式，不关心任何现实”（Snyder，2018，p. 121）。波兹曼的犬儒主义的回声是存在的，而且是必然存在的。虽然施耐德专注于谈论政治运动，但在身份建构中使用网络模因也可以遵循同样的轨迹——不关心现实的感觉渗透在社交媒体两极分化的空间中。

正如施耐德所说，“[前]真理（[p]ost-truth）是前法西斯主义”（Snyder，2018，p.71），这一假设的悲剧是，我们这个时代并不是不重视真理；相反，正如我在其他地方所论证的（Wiggins，2017），我们这个时代是由可延伸的真理定义的。社交媒体的真正可怕之处在于，它可以为个人提供构建自己的真理、事实等的方法，从而继续抵制参与任何有意义的辩论。身份——流动的、不稳定的、由差异界定的、反观内省的例子，等等——因此可以成为一种或解放或约束的力量，但它以网络模因的形式兜售着或真实或虚假的信息。

## 参考文献


Butler, J. (1988). Performative acts and gender constitution: An essay in phenomenology and feminist theory. *Theatre Journal, 40*(4), 519 - 531.

Butler, J. (1990). *Gender trouble* (2nd ed.). New York: Routledge.

Butler, J. (2004). Sex, gender performativity, and the matter of bodies. In S. Salih (Ed.), *The Judith Butler reader* (pp. 19 - 138). Malden, MA: Blackwell Publishing.

Danner, C. (2018, March 25). People are sharing fake photos of Emma Gonz á lez tearing up the Constitution. *New York Magazine*. Retrieved from http://nymag.com/daily/intelligencer/2018/03/some-conservatives-are-sharing-afake-photo-of-emma-gonzalez.html.

Eco, U. (1986). *Semiotics and the philosophy of language*. Bloomington: Indiana University Press.

Farhi, P. (2018, February 23). What is Gateway Pundit, the conspiracy-hawking site at the center of the bogus Florida ‘crisis actors’ hype? *The Washington Post: Style*. Retrieved from https://www.washingtonpost.com/lifestyle/style/what-is-gateway-pundit-the-conspiracy-hawking-site-at-the-center-of-thebogus-florida-crisis-actors-hype/2018/02/23/dded562a−174e−11e8−b681−2d4d462a1921_story.html?noredirect=on&utm_term=.6889d920cf9a.

Fraser, V. (2010). Queer closets and rainbow hyperlinks: The construction and constraint of queer subjectivities online. *Sexuality Research and Social Policy, 7*(1), 30 - 36.

Gibbs, A. (2013). Apparently unrelated: Affective resonance, concatenation and traumatic circuitry in the terrain of the everyday. In M. Atkinson & M. Richardson (Eds.), *Traumatic affect* (pp. 129 - 147). Newcastle upon Tyne: Cambridge Scholars.

Giddens, A. (1991). *Modernity and self-identity: Self and society in the late modern age*. Cambridge: Polity Press.

Goldman, A., & Mazzei, P. (2018, February 15). YouTube comment seen as early warning in shooting left little for F.B.I. to investigate. *The New York Times*. Retrieved from https://www.nytimes.com/2018/02/15/us/politics/nikolas-cruz-youtube-comment-fbi.html.

Hillier, L., & Harrison, L. (2007). Building realities less limited than their own: Young people practising same-sex attraction on the internet. *Sexualities, 10*(1), 82 - 100.

Hunt, E. (2017, June 11). The Babadook: How the horror movie monster became a gay icon. *The Guardian*. Retrieved from https://www.theguardian.com/film/2017/jun/11/the-babadook-how-horror-movie-monster-became-a-gay-icon.

Jenkins, H., Ito, M., & Boyd, D. (2016). *Participatory culture in a networked era: A conversation on youth, learning, commerce, and politics*. Cambridge: Polity Press.

Laclau, E. (1977). *Politics and ideology in Marxist theory: Capitalism, fascism, populism.* London: New Left Books.

McDermott, E., Roen, K., & Piela, A. (2015). Explaining self-harm: Youth cybertalk and marginalized sexualities and genders. *Youth & Society, 47*(6), 873 - 889. doi:10.1177/0044118x13489142.

Neal, D. J. (2018, February 28). Uber driver says Nikolas Cruz told her: 'I am going to my music class'. *Miami Herald*. Retrieved from http://www.miamiherald.com/news/local/community/broward/article202565414.html.

Reed, J. (2018, February 21). Hate speech, atrocities, and fake news: the crisis of democracy in Myanmar. Financial Times. Retrieved from https://www.ft.com/content/2003d54e-169a-11e8-9376-4a6390addb44.

Rubin, J. D., & McClelland, S. I. (2015). 'Even though it's a small checkbox, it's a big deal': stresses and strains of managing sexual identity(s) on Facebook. *Culture, Health, & Sexuality, 17*(4), 512 - 526. doi:10.1080/13691058.2014.994229.

Scott, D. T. (2013). Refining 'resonance' as sympathetic intertextual relations: Pet Shop Boys score Battleship Potemkin. *Music, Sound, and the Moving Image, 7*(1), 53 - 82.

Scott, D. T. (2014). The empathetic meme: Situating Chris Crocker with the media history of LGBTQ+ equality struggles. *Journal of Communication Inquiry, 38*(4), 308 - 324.

Sit, R. (2018, March 26). More than 2 million in 90 per cent of voting districts joined *March for Our Lives*protests. *Newsweek*. Retrieved from http://www.newsweek. com/march-our-lives-how-many-2-million-90-voting-district-860841.

Snyder, T. (2018). *The road to unfreedom: Russia, Europe, America*. London: Penguin Random House.

State, B., & Wernerfelt, N. (2015, October 15). America's coming out on Facebook. *Facebook Research.* Retrieved from https://research.fb.com/americas-coming-out-on-facebook

Vaidhyanathan, S. (2018). *Antisocial media: How Facebook disconnects us and undermines democracy. New* York: Oxford University Press.

Wiggins, B. E. (2017). Constructing malleable truths: Memes from the 2016 U.S. Presidential campaign. *Proceedings of the 4th Annual European Conference on Social Media*. Vilnius, Lithuania.

# 第 8 章　网络模因作为……艺术的一种形式？

网络模因的创作和传播涉及无数的审美方式，并经常利用平凡的图像对现实世界中的某个问题进行批判性评论。正是这一点界定了本章的探讨范畴。此外，无论网络模因在多大程度上选择采用拼贴、模仿、拼凑等结构性方法，这些选择都服务于模因在符号学功能中的话语权力，即意义的创造。

本章的目的在于肯定网络模因在概念上与达达主义和超现实主义艺术之间的联系。当然，并不是所有的网络模因都具备这种概念上的联系。我的观点是，那些蕴含对社会、政治、性别、性取向等问题的批判性网络模因（即那些容易使人们两极分化或划定方向的问题）与达达主义是有关联的，因此必须加以讨论，后续部分将更深入地探讨这一关联。而现在我想强调的是，达达主义和超现实主义被定义为对社会进行批判性反应的运动，而非公开尝试创造艺术或成为艺术的运动。①

到目前为止，在这项研究中，我通过借鉴他人的研究成果，同时也基于我自己的分析视角定义了网络模因。此外，我认为，模因最好被理解为视觉论证，网络模因的词源不应该是道金斯的“模仿”，而应该是“省略推理法”，如第 1 章所述。同时，根据我对希夫曼的模因维度类型学的详细阐释，我提出了以下观点：意识形态实践在网络模因中具有特殊地位，

---

① 达达主义和超现实主义都是 20 世纪初的艺术和文化运动，它们不仅在艺术还在社会层面寻求突破和变革，即不仅是艺术风格的变革，更重要的是它们通过艺术表达对社会、文化甚至政治的批评和反思。达达主义特别强调反战、反资本主义的态度以及对当时艺术界和社会秩序的挑战。超现实主义则侧重探索潜意识和梦境，通过梦幻般的画面挑战现实世界的逻辑和常规，传达对自由和解放的渴望。因此，这些运动虽然在艺术史上占有一席之地，但其核心是对现有社会和文化规范的批判和反思，而不仅仅是艺术创作本身。——译者注

它依赖于意义的符号学建构和互文引用。此外，我坚持认为，网络模因是一种网络在线传播的类型，因此具有数字文化的三个明显特征，即虚拟现实性、有目的的生产和应用，以及与社会和文化有关联。

这些研究证明了网络模因和相关的再创混编以及病毒式传播媒介在数字文化中的重要性。我在这方面的研究工作并不仅仅是为了学术思考，更是为了揭示模因与其丰富的传播能力之间关系的奥妙。特别是对于那些与达达主义有共同特征的模因，幽默和批判往往是合二为一或并行不悖的。

我的观点与菲利普斯、米尔纳（Phillips and Micner，2017）和希夫曼（Shifman，2013，2014）的观点略有不同，虽然网络模因确实也作为笑话存在，但它们显然比简单的妙语更具动态性，尤其是那些批评现实世界中的问题、事件或人物的模因。我之所以回顾历史，是因为网络模因提供的话语能力并不是当前数字时代独有的。然而，希夫曼（Shifman，2014，p.4）敏锐地指出，媒介化传播的普遍性代表了一种超模因话语，即“几乎每一个重大公共事件都会衍生出一系列模因”。人们越来越难以分辨什么可以成为模因，以及模因的未来会是什么样子，它们是否会继续成为数字文化的一部分，以及它们将如何随着时间的推移而变化。

希夫曼（Shifman，2013）指出，网络模因是一种“概念上的麻烦制造者”，它不受单一分类的限制。恐怕我必须在这个概念问题上再添一笔，断言网络模因还有一种附加特征。也就是说，网络模因，尤其是那些与传达批判有关的模因——无论多么地明显或含蓄——代表了一种新的文化艺术表达形式。因此，我们可以说，网络模因也是一种艺术形式。

我之所以探索模因、达达主义和超现实主义艺术之间的历史联系，部分原因是源于对视频模因“美国第一，荷兰第二”（America First，the Netherlands Second）的分析。该视频模因对唐纳德·特朗普的真实言论进行了再创混编，并以一种在结构和意图上与达达主义和超现实主义艺术类似的方式，完成了对其言论和意识形态的批判。这种批判趋势并不是某个模因独有的，它也存在于其他网络模因和其他形式的数字话语中（比如实现病毒式传播视频中的黑色幽默和间接讽刺，我们将在另一节更详细地讨论）。在深入讨论达达主义和超现实主义与分析“美国第一，荷兰第二”视频模因之前，值得考虑的是，以这种方式制作的供大众消费的文化批判的相关形式——在形式和目的上与（批判性的）网络模因类似。接下来，我将根据此前对希夫曼（Shifman，2013）最初介绍的模因模型，对2016~2017年的一些热门网络模因进行讨论和分析。需要强调的是，我对希夫曼模型的阐述提到了人类言语的缺失，并强调了符号学和互文性在意识形态实践中的重要性。

## 8.1　荒诞、荒谬、令人尴尬、讽刺等作为幻灭意识的表达

以下例子展示了利用现有内容再创混编以进行批判性观察的意识形态实践。作为最初的例子，电视类型的恶搞视频《厨师太多》（*Too Many Cooks*）就很好地达到了这一目的。《厨师太多》视频于2014年11月发布在YouTube的成人动画频道（Adult Swim）上，或许对它最恰当的描述是将荒诞和超现实融入幽默中。这是通过重复的和结构性的荒诞主义来实现的，即通过对内在含义的再创混编、重新指向和超现实的提升，不断改变受众预期的结果，以夸大已经被夸张了的事物。理解视频模因的最好方式也许是自己观看并解读，但值得一提的是，在通常情况下，实现病毒式传播的视频要想走红就不能太长，不超过4分钟（Nahon & hemsley, 2013）。而《厨师太多》视频打破了这一规则，时长为11分钟左右。据估计，这段视频已经有超过1600万次的播放量和超20万个的点赞。

此外，诸如YouTube的“How to Basic”频道、大卫·莱万多夫斯基（David Lewandowski）等古怪而荒谬的视频创作［请看“开会迟到”（late for meeting）或“去商店”（going to the store）等视频］、“我们马上回来”

（We'll Be Right Back）视频系列、“狐狸说了什么？”（What does the fox say？）音乐视频、“笔菠萝笔”（Pen Pineapple Pen）视频（自 2016 年 11 月上传以来，已有超过 2.4 亿次观看量）、埃里克·安德烈秀（Eric Andre Show）或波比（Poppy）上传到 YouTube 上的视频等，都带有深层次的讽刺和黑色幽默的立场。波比的视频尤其令人难堪，却反映了对现代社会的特殊反思。特别是波比的视频“我还好吗？”（Am I ok？），表达了与当今时代相呼应的不安和焦虑。鉴于一般而言都认为波普艺术（Pop Art）是从抽象表现主义和新达达主义发展而来，她选择自称为“波比”（Poppy），似乎明确借鉴了波普艺术。事实上，她的第一个视频“波比吃棉花糖”（Poppy Eats Cotton Candy）很容易让人联想到丹麦电影制作人约恩·莱特（Jørgen Leth）的电影《安迪·沃霍尔吃汉堡》（*Andy Warhol Eats a Hamburger*）（Open Culture，2018）。沃霍尔在总结他的目的时说：

> 美国这个国家的伟大之处在于它开创了最富有的消费者和最贫穷的消费者都会购买基本相同东西的传统。你在看电视的时候看到可口可乐，你知道总统喝可口可乐，丽兹·泰勒喝可口可乐，你就会想，你也可以喝可口可乐。一瓶可乐就是一瓶可乐，再多的钱也不可能买到比街角乞丐喝的更好的可乐。①
>
> （Horwitz，2001，p.229）

① 安迪·沃霍尔（Andy Warhol）以其对快餐的消费而闻名。他不仅是 20 世纪著名的艺术家，也是波普艺术的代表人物之一。沃霍尔对消费文化和大众商品的迷恋在他的艺术作品中得到了充分体现，其中包括对快餐的热爱。他的作品包括“可乐瓶”“金宝汤罐头”等，“可乐瓶”系列作品通过描绘可口可乐瓶，强调了消费品的普遍性和标准化，这与快餐的概念相呼应。“金宝汤罐头”系列同样是对大众消费品的描绘，通过这些日常生活中的商品，沃霍尔探索了消费文化和艺术的关系。这句话不仅是对可乐这种大众消费品的描述，更是对现代消费文化的深刻洞察和批判。通过强调消费品的普遍性和一致性，他揭示了商品在现代社会中的平等象征，反映了他对大众文化和社会阶级的独特视角。——译者注

也许在当下，这与美国的现实更加贴合，毕竟现在的美国总统是前电视真人秀明星、房地产大亨、亿万富翁唐纳德·特朗普，而他出了名地爱吃快餐（Jacobs & Pettypiece，2018）。

在上述所有的例子中，讽刺和其他情感及表达形式一样，似乎对信息的形成和接收至关重要。当然，能不能欣赏讽刺、怪诞等表达方式，取决于能否以同样的方式解读它们。就我的目的而言，我认为在之前的例子中，无论是《厨师太多》、埃里克·安德烈秀模因，还是安迪·沃霍尔和波比之间的联系等，讽刺在此类传播形式中都是必不可少的。

有趣的是，与达达精神紧密相连但并不拘泥于其教条的一个人物是马塞尔·杜尚（Marcel Duchamp），他曾说："[我的]讽刺是冷漠的讽刺：元讽刺（meta-irony）。"（Sanouillet & Peterson，1973，p. 6）在下文中，元讽刺、黑色幽默和荒诞主义的视角贯穿于达达主义和超现实主义的代表作品以及作为对比的网络模因中。

作为一种不断发展的艺术表现形式，网络模因特别体现了数字文化，尤其是它们在公共领域生成和共享的特性。通过这种方式，网络模因充当了一种"整体艺术作品"（Gesamtkunstwerk）的角色，这种作品"需要公众合作"（Richter，1965，p.213）。因此，参与模因的壮观盛宴——无论是创作还是策划关于特定现实世界的事件或问题的网络模因——也许可以转化为一种简单的情感，即"这个世界疯了，但至少我们可以制作模因"。这种情感最终将早期达达主义和相关的艺术表达与 21 世纪的网络模因联系了起来。

使用模因和相关的数字内容来表达元讽刺、黑色幽默、荒诞观点和/或对当今这个时代的普遍幻灭，直接与达达主义和超现实主义运动的动机相关联。网络模因和达达主义中一致的黑色幽默展现了这一幻灭感的程度。梅根·霍恩斯（Megan Hoins，2016）在其博客中撰文指出，从一个美国人的角度来看，

> 我们被承诺可以成为任何我们想成为的人，然而我们得到的是高失业率、大学毕业后没有工作保障……我们被承诺得到和平与繁荣，然而我们得到的是恐怖主义和严重的经济衰退。

在这样的时代，网络模因成为一种适逢其时的表达形式。因此，从代际更替的角度来看，越来越依赖媒介的生活方式与在一个充满幻灭感的世界中表达自我的需求相结合，这使得模因在千禧一代中具有显著的影响力，尤其是那些具有深度讽刺、黑色幽默、荒诞主义等立场的模因。接下来的内容将介绍达达主义的背景，然后进行进一步的分析和讨论。

## 8.2　达达主义、超现实主义和网络模因

达达主义是一场艺术和文学运动，1916 年始于苏黎世，当时正值第一次世界大战（当时被称为“大战”）的残酷时期。一些艺术家和文学家聚集在苏黎世的伏尔泰咖啡馆（Café Voltaire），他们利用这个场所表达对战争爆发的愤怒和恐惧。特里斯坦・查拉（Tristan Tzara）、雨果・巴尔（Hugo Ball）、理查德・胡森贝克（Richard Huelsenbeck）、汉斯・李希特（Hans Richter）等人构成了早期达达主义的核心。他们认为，发生在中立国瑞士以外的战争是文明社会所享有的价值观和正当态度的溃败，这种溃败导致社会陷入当时全世界的人们从未见过的最严重的冲突之中。达达主义艺术家们为此表达了他们对引发战争的社会价值观的幻灭感，并采用开创性的艺术表达方法，以“通过震撼手法唤醒人们意识到其自身的问题，揭露被人们普遍接受的、往往是压迫性的秩序和行事逻辑及惯例”（MoMA，2018）。我对达达主义和网络模因的结构性以及主题性成分进行了比较，从中得到的启示是，使用黑色幽默和疏离的讽刺并不一定是

当下独有的现象。然而，由于智能手机、平板电脑、应用程序等提供的便利，广大群众参与这种表达的能力则是当代所特有的现象，这是之前的达达主义及相关运动无法相比的。

在数字文化中，人们倾向于通过引用讽刺、讥笑、亵渎、黑色幽默和/或冒犯性幽默等方式来讨论现代生活，以理解这个世界，就像20世纪初的达达主义者和超现实主义者一样。米尔纳（Milner，2013）提出的"lulz[①]逻辑"这个概念，即网络模因经常包含的"疏离的讽刺"，表达了类似的情感。然而，随着对网络模因作为数字文化标志的研究不断深入，模因中讽刺、黑色幽默、幻灭等元素的融合可能不仅仅暗示着"疏离的讽刺"。事实上，就概念而言，"疏离"这个词被个体通过"黑镜"（如智能手机和电脑屏幕）寻找信息、连接和分散注意力的行为所否定。"lulz逻辑"所提供的内容是置于当下语境中的，因此几乎没有考虑到早期类似表达方式所带来的好处，而这些早期表达方式是与当时的幻灭程度相适应的。

## 达达主义和网络模因之间的结构相似性

在结构上，达达主义和超现实主义艺术经常使用文本和摄影图片，尤其会通过使用一种复杂且讽刺的展示方式来应对第一次世界大战期间以及二战前的生活问题（Hopkins，2004）。无论是在结构上还是在主题上，达达主义和超现实主义艺术作品的几个重要例子有助于廓清它们与网络模因之间的关联。在20世纪20年代的德国，达达主义者约翰内斯·巴德（Johannes Baader）试图在一幅剪贴印刷作品中讽刺军事精英。这幅作品被称为《写给基督的十四封信的作者在他的家中》（Der Verfasser das Buches Vierzehn Briefe Christi in seinem Heim），是一幅蒙太奇式拼贴

① 一种网络用语，指笑得幸灾乐祸，或用来表示感叹某件事好笑、有趣。——译者注

画，展示了一个看起来像家的房间。房间的中心人物（实际上是巴德本人）被从照片中剪下来，覆盖在一个身着军装的人体模型上。这种有意通过剪切和粘贴其他材料的片段来创造视觉声明或观点（即德国军队应该被嘲笑）的过程，是网络模因决定性的结构组成部分。这让我们联想到所谓的“警察喷辣椒水”（Pepper Spray Cop）模因，或者受坎耶·维斯特（Kanye West）启发的“我让你说完”（Imma let you finish）模因，或者“坎耶打断”（Kanye Interrupts）模因。在这些模因的许多迭代版本中，喷辣椒水的警察或坎耶·维斯特的形象被植入到另一个背景中（如达·芬奇的《最后的晚餐》或泰坦尼克号的沉没），以达到恶搞的目的，包括批判警察的权威（比如喷辣椒水的警察），或者名人的疏离（比如坎耶·维斯特）——回想一下第 6 章讨论的“白人女性报警”模因就能明白。这显然是对批判—讽刺话语实践的一种呈现，这种呈现需要通过幽默来使其批判性行为奏效。

达达主义和网络模因之间具有结构的相似性的另一个例子可以在马克斯·恩斯特（Max Ernst）的《圣会谈》（*Santa Conversazione*，1921）中找到。恩斯特通过拼贴制作了这些作品，这些拼贴作品是由“可识别的图像组成的，拼凑了百科全书插图、商业目录、解剖学论文和照片的片段，产生了令人不安的反现实感”。（Hopkins，2004，p.74）就符号学和互文性选择而言，网络模因也是以类似的方式建构的。被称为“特朗普行政命令”（Trump Executive Order）的模因就提供了一个很好的可比较案例。

在这个模因中，美国总统在一段短视频或一个动图中打开一个文件夹，里面装着特朗普刚刚签署的行政命令。然而，用户删除了行政命令的文本，并在空白处填上替代的文本或儿童图画。这种循环播放的视频起到了视觉标语的作用：用户通过插入的文本或图画削弱了原图标志着官方时刻（签署行政命令）的严肃感。类似于恩斯特的方法，用户利用现有的视频素材，并对其中夸张的元素进一步做了夸张处理。恩斯特创造了一种反现实、类似于马格利特（Magritte）和达利（Dalí）的作品，通过并置和再创混编已知的、期望中的常见元素来批判现实世界，而“特朗普行政命令”模因提供了表达类似情感的途径。

正如本章前面所提到的，摄影蒙太奇、拼贴、仿制等做法在概念上类似于网络模因的视觉建构。作为达达派的一个早期例子，柏林的摄影蒙太奇实践，如汉娜·霍克（Hannah Höch）的《资产阶级婚礼夫妇——争吵》（*Bourgeois Wedding Couple—Quarrel*，1919）通过将现有的印刷媒体融入其中，构建了模仿婚姻的故事，起到批判现代社会的作用。这种拼贴或仿制，然后从现有的作品中创造出新意义的过程正是网络模因中再创混编作用的核心。将其放在话语实践的语境中，我们会发现，个人分享网络模因是为了取笑或批判某件事或某个人，但是这样做需要通过从现有媒体中组合新的意义。达达主义者试图破坏被理解为艺术的东西，并鼓励人们讨论什么是艺术，而网络模因则是使用黑色幽默和疏离的讽刺来传达意义，这通常需要结合互文性引用来实现。这种组合代表了将网络模因视为一种新的艺术形式的一个主要特征。

## 8.3 马塞尔·杜尚和“现成品”

作为最早的达达主义者之一，马塞尔·杜尚介绍了他所谓的“现成品”（readymade），这是一种大规模生产的预制物品，如窗户、铲子或自行车车轮，但以艺术品形式呈现（Dabringer，Figlhuber，& Guserl，2015；Hopkins，2004）。杜尚（Duchamp，1961）指出，“现成品”的功能证明，“艺术家只需选择一个普通物件，就能将其升华为一件艺术品”（para.2）。此外，“现成品”挑战了艺术必须（教条地）美丽的观念。

也许更重要的是，“现成品”表明，艺术可以脱离审美的框架，从而否定创造性的生产行为，并将选择和呈现行为提升为艺术家的决定性特征。从功能上看，“现成品”试图“瓦解艺术与非艺术之间的区别”（Hopkins，2004，p.98）。考虑到网络模因的再创混编、照片处理、并置以及分享和复制的容易程度，将网络模因视为数字化的“现成品”对我们进一步理解它的艺术特征是有帮助的。尽管杜尚不喜欢复制和二手再创体验，但从概念上看，他的非数字化的“现成品”与那些对现实感到失望的个体所青睐的网络模因之间有着明显的对应关系。

因此，作为数字“现成品”的模因试图模糊现实与替代现实、真相与幻想、批判与玩笑之间的界限。网络模因的暗示性越强，其与达达主义和超现实主义艺术方法背后的动机的关系就越密切。虽然没有直接讨论这种关系，但米尔纳（Milner，2012）发现，在具有政治批判性的网络模因中，总统巴拉克·奥巴马是一个种族主义者，这种暗示性的存在包含着一种相互交织的成分，使其具有强大的力量。这些模因证明了其在制作更明确的政治评论方面的精明。

同样，作为大规模生产的事物，“现成品”的功能在于它最初能够震惊到受众，提供一种不安的体验，引导个人质疑消费主义和思考工业社会中的艺术边界。数字文化中再创混编和“窃取”内容的趋势（Jenkins，2012）与“现成品”的意图相得益彰。然而，模因能否达到震撼效果（如杜尚的“现成品”所预期的那样），取决于其符号学和互文性的构建以及解码后的接受程度。

“现成品”的功能不是引发黑色讽刺或讥笑，而是批判艺术惯例的设定。这种设定与数字文化发展的趋势相同，即为了话语目的而混合不同的内容，而无论其中包含的表面笑话或主题内容到底是什么。

## 8.4 网络模因与文学的联系：新客观主义[①]

此外，网络模因的表达本质与达达主义之间的联系也存在于文学理论中。沃尔特·本雅明在其经典著作《机械复制时代的艺术作品》(*The Work of Art in the Age of Mechanical Reproduction*) 中指出："达达主义试图通过绘画和文学手段创造出观众今天在电影中寻找的效果。"(Benjamin, 1969/1935, p.16) 在这里，他强调了达达主义如何从一种形式开始，与观众产生共鸣，以至于引发他们对其他媒体(如电影)中相关表达形式的模仿欲望。这与网络模因的情况相同。本雅明还认为，达达主义者的作品"像子弹一样击中观众，它发生在他身上，从而获得了一种具有触觉感的特质"。(p.17) 这又一次表明，网络模因的词源学根源应该是"enthymeme"(省略推理法)，而非道金斯所偏爱的"mīmēma"，它与达达主义和超现实主义者生产的作品一样，艺术形式总体上会比较相似，即人们在观看或体验作品时必须填补一些内容才能"理解"批评，即理解其中的深意。

达达主义和超现实主义的动机以对整个社会的普遍怀疑为中心，并强调工业对社会的入侵使人类与世隔绝。被称为"新客观主义"(Neue Sachlichkeit) 的德国文学和艺术运动，通过分别展示问题表象和内涵两部分中的一部分，提供了一种表达问题的方式，例如在电影《穿制服的少女》[②] (*Mädchen in Uniform*) 中对性和女性的表达方式 (McCormick,

① 新客观主义(Neue Sachlichkeit)是一种艺术和文学运动，强调现实主义和对日常生活无情的揭露，反对表现主义的情感化和个人化风格。如下文所述，通过分析网络模因如何反映或批判现实，以及它们如何以新客观主义的方式呈现社会和政治议题，可以看到这两者之间的相似性和联系。——译者注

② 在这部电影中，性和女性的表达不仅通过表面行为、装扮和情节等展示，还通过角色的内心世界和情感展示。——译者注

2009，p.275）。这种展示问题的表象和内涵一部分内容的倾向也存在于许多网络模因的子类型中。

代表新客观主义倾向的艺术家的作品凸显了生活中社会和政治动荡，并探讨了大都市的崛起，画中人物包括战争投机者、乞丐、妓女等。奥托·迪克斯（Otto Dix）和乔治·格罗兹（Georg Grosz）等艺术家陶醉于不断变化的社会秩序所赋予的自由和性解放的景象，但也承认自然正与乡村生活日益疏远。

下面这个例子可以展示网络模因表象和内涵的二元对立。具体来说，在 2018 年法国发生所谓的蜘蛛侠事件之后，出现了一种基于两层图像的模因。在那次事件中，马里移民马穆杜·加萨马（Mamoudou Gassama）爬上一幢公寓楼的阳台，救下一名悬挂在空中的儿童。从表象看，这个模因以漫画的形式展示了这一英勇行为，法国总统埃马纽埃尔·马克龙（Emmanuel Macron）授予了这位移民法国公民身份。而从内涵看，同样的行为与其他移民希望被欧盟接纳的黑色幽默和冷漠疏离形成了对比。这个模因没有任何文字，只插入了一个表示正确行为（冒着生命危险拯救孩子）的绿色勾选图标，和一个表示不良行为（试图攀爬象征欧盟移民政策的栅栏）的红色叉符号。

值得注意的是，“表象”和“内涵”这两个属性指的是模因在现实世界的所指和现实世界的批判（进而表达意识形态实践）方面的两种特定符号功能。“表象”指的是鼓励转化为在线分享的数字话语单元（如模因）事件或媒体的呈现，“内涵”则指模因的符号功能最终所指的更宽泛含义。表象/内涵之间的关系同样适用于网络模因，它具有某种程度的主题二分法，特别是当它引用了两种及以上看待现实世界的方法时。

## 8.5 勒内·马格利特和《图像的背叛》

需要注意的是，超现实三义起源于达达主义，它反对文明的观念，强调或质疑无意识、偶然性、性和禁忌。这一点在米罗、达利等人的作品中表现得尤为明显。超现实主义画家胡安·米罗（Joan Miró）使用了一种自动书写的方法，“其特征是随性的诗意转变，视觉符号也在不断发生着变形”（Hopkins，2004，p.80）。此外，萨尔瓦多·达利（Salvador Dalí）和勒内·马格利特（René Magritte）有意使用双重图像，如在马格利特的《强奸》（*Le Viol*，1934）和达利的《偏执狂的面貌》（*Paranoiac Face*，1931）中，主题都是质疑现实。此外，美国艺术史学家罗莎琳·克劳斯（Rosalind Krauss）声称，特别是在曼·雷（Man Ray）和莫里斯·塔巴尔（Maurice Tabard）的摄影作品中，“由于摄影的机械性，其记录的现实本质上是不确定的：只是一系列可移动符号的集合，就像文本一样”（Hopkins，2004，p.85）。这些迥然不同的例子表明，达达主义和超现实主义为创造意义所做的努力，与网络模因以类似方法进行意识形态实践的努力异曲同工。尤其在强调对现实的幻灭感时，网络模因几乎就是进行社会和文化批判的绝佳载体。

在探讨图片的一般意义时，借用马格利特的超现实主义作品是很有助益的，特别是在探讨网络模因及其子类型作为表征的功能时。总的来说，马格利特的作品旨在提升和强调混乱感，他常常使用遮挡物（如放在面前的苹果）来达到这种效果。马格利特在他的作品《图像的背叛》①

① 这幅画通过文字“这不是一个烟斗”挑战观者对画作和现实的认知，引发观者对“表象”和“实体”之间区别的思考。马格利特通过这种方式挑战观者的预设概念，使人们意识到艺术作品和它所代表的对象之间存在本质的差异。这种不断的视觉变形和转换象征着现实的不确定性和多变性，以及艺术通过视觉符号如何重新定义或扭曲我们对现实的理解。——译者注

（*The Treachery of Images*）中，强调了表征的概念，他在这幅画中表达的观点应该很明显，即一幅画着烟斗的画显然不只是烟斗。然而，他的观点更进一步：如果向某人展示一个物体或人物的照片，比如一个水果或一个名人，这个人很有可能会说，这个图像实际上就是它所表征的事物。在这里，马格利特对语言进行了批判；这幅画的假设基于本质主义的思维传统[①]，至少在涉及身份和识别事物与人物方面，认为物体具有本质的、可知的和真实的意义。然而问题在于，赋予物体的词语是任意的。

在他的画作《图像的背叛》中，马格利特意图阐释三个观点。他使用烟斗来说明，这显然不是一个真正的烟斗，而是一个表征。此外，说明图像的文字应该与图像有一定的关系（受众使之成为可能，类似于省略推理法的推理过程）。或许最重要的是，实体与象征之间的关系可以被语言“腐蚀”。然而，关键在于我们通常意识不到语言对意义和表征的操控，也意识不到语言操控的预期走向和结果。

在网络模因中，特别是强调符号学时，人们采取了一种新的形式赋予图像意义。在线上被表征的事物可能并不意味着是你所想的那样，它的构建本身就是一种经过精心设计的产物，这种设计受到了媒体叙事及其阐释的影响。在个体理解笑话（或模因，尤其是具有社会文化和/或政治批判性的模因，它们往往比较肤浅，但具有社会意义）时，他已经进入了被意识形态包围的场域之中。

马格利特的作品是值得研究、深思和讨论的，因为我们知道这是焦点所在。然而，在网络模因中，同样的焦点也在语言、表征和意义上汇聚。由于网络空间的超级图像模因传播速度极快，我们往往只理解它们的表面

① “本质主义的思维传统”指的是一种哲学和文化理论视角，它认为每个实体（如物体、人等）都具有一些固有的、不变的、定义其本质的特征或属性。这种思维方式强调事物内在的、通常被视为先天的和必然的本质，认为这些本质特征是理解世界的关键。——译者注

意义，可能未能充分认识到模因在维护意识形态实践方面的力量。在分析“美国第一，荷兰第二”（America First, Netherlands Second）视频模因之前，我想指出的是，也许终极恐怖之处在于，我们已经意识到了模因是如何帮助维护和重塑意识形态实践的，但我们继续听之任之，而无法直面这种已经清晰的意识。

## 8.6 引入新达达主义符号学

对达达主义和超现实主义的借鉴，为新达达主义符号学奠定了基础。因此，考虑到大部分与主题相关的网络模因和病毒媒介主要由千禧一代生产、分享和应用，或许最好将这个术语理解为千禧一代的新达达主义符号学。抛开千禧一代的因素不谈，新达达主义符号学具有以下特征，排名不分先后：黑色幽默；冷嘲热讽；幻灭感；对现代社会的恐惧/震惊（但对令人恐惧或震惊的事情不做直接或明确的讨论）；怪诞、荒谬的表达方式；自嘲；畏缩的；有攻击性的幽默；对污言秽语的引用；等等。

下面将先分析“美国第一，荷兰第二”这个模因，旨在从视频的角度探讨新达达主义符号学；接下来，我们将对2016~2017年流行模因进行扩展研究，这些模因是根据我对希夫曼模型的阐释进行分析的，其中特别提到了人类言语的缺失。

## 8.7 “美国第一，荷兰第二”；“真是最了不起、绝对精彩的分析”；“太棒了”

唐纳德·特朗普就职后，荷兰一档名为《卢巴赫周日秀》（Zondag met Lubach）的电视节目制作了一个喜剧小品，以回应这位新总统发出的

"美国第一"（America First）的号召。该视频迅速获得了病毒式传播，同时也引起了其他国家的反响，除了所谓的"回应类视频"，其他国家也加入了恶搞的行列，创造了与原视频中的讽刺情绪相呼应的版本。表 8.1 显示了根据希夫曼模型对"美国第一，荷兰第二"视频的分析。

**表 8.1　"美国第一，荷兰第二"的内容、形式和立场**

| 名称 | 观看次数 | 内容 | 形式 | 立场 |
|---|---|---|---|---|
| "美国第一，荷兰第二" | 2300 万 | 以特朗普的修辞风格看荷兰；呼应特朗普的话 | 特朗普式的画外音，蒙太奇视频，短片偶尔在画外音和视频之间直接引用；官方外观的标题镜头；视频时长 4 分 5 秒 | 受影响的观点；模仿特朗普；夸张法；以滑稽和嘲讽为关键；指称和暗示 |

虽然不是全部，大部分"荷兰第二"类型的视频包含了一些向唐纳德·特朗普进行自我介绍的个人信息，就像在与他本人交谈一样。原视频和几个后续的再创混编版本也使用了模仿特朗普的旁白，这些视频普遍表现出一种二元对立的说理方式，强调极端性。这与特朗普本人的语言风格不谋而合，他喜欢用短句，很少用多音节词，通过使用诸如"太棒了"（great）、"真大"（big）、"大极了"（tremendous）、"巨大的"（huge）、"精彩极了"（fantastic）等词和短语来修饰语言，并重复使用这样的关键词，似乎是在夸大其词。这种措辞将主题确定为美国是最重要的头等大国，而其他国家则是最糟糕的、卑鄙的、彻底的失败者等。因此，好与坏的并置呈现了一种极端化的、典型的特朗普式世界观。

该视频在很大程度上引用了现实世界中特朗普的实际言论、政策、影响或其再创混编版本。看看原视频中的以下片段：

> 我们有斯拉哈伦小马公园，这是世界上最好的小马公园！这是真的！它们是最好的小马！它们就是！你可以骑它们。你可以和它们约

会，你可以牵着它们的小马，太棒了！

（Transcript，2017）

一方面，这很好玩，或许因为它的主题荒谬，用特朗普的语言风格谈论小马公园会产生一定的幽默效果；然而另一方面，这段节选包含了特朗普在 2016 年 11 月大选前出现的最具争议的一段发言，其中来自“进入好莱坞现场”（Access Hollywood Live）的音频文件显示，特朗普宣称，作为一个名人，他可以用自己的方式和女性相处。在“荷兰第二”模因中，通过用小马替代特朗普并植入实际用词不当的说法，将特朗普的特质进行了再创混编。

这种风格的符号学表明，人们需要诉诸黑色幽默并强调荒谬，以适应幻象的破灭和/或无法接受的现代社会的现状。比如下面这段来自“荷兰第二”视频的节选：

12 月，我们有臭名昭著的“黑皮特”（Black Peter）庆祝活动。这是你见过的最无礼、最具种族主义特点的事。你会喜欢它的，因为它太棒了。我们还准备了一位残疾政客供你们取笑。她叫耶塔·克林斯玛（Jetta Klijnsma）。她来自蠢步子行走部（the ministry of Silly Walks）。你可以模仿她。我简直等不及要看了！

（Transcript，2017）

这段节选之所以是新达达主义符号学的体现，首先是因为它明确使用了“种族主义”一词，并承认特朗普具有种族主义倾向。这段节选还对荷兰文化的一个习俗，即 12 月 5 日的“黑皮特”庆祝活动提出了批评。这一庆祝活动因为许多荷兰人打扮成黑人模样而备受争议。（Criado，2014；de Telegraaf，2013）

特别需要注意的是，将特朗普伤害性、冒犯性的话语提升到幽默的高度，并不是对这些观点的逆转甚至接受。相反，这种做法通过幽默的方式，让人们在分享欢笑的同时，也意识到他们在特朗普总统任期内所共有的幻灭感，从而洗刷特朗普政纲中更多令人反感的内容。

参照新达达主义符号学，这是一种超越超现实并走向真实的举动：它试图通过引用特朗普嘲笑残疾人的实际行动进行讽刺或恶搞，但是话语空间的讽刺或恶搞在这里显然并不怎么触动人心，因为现实世界的真实已经足够令人震惊。正如鲍德里亚解释的，他所说的超现实主义主要是指没有所指的虚构内容和符号（象征、意义等）的流通、起源或意义。他推荐的对抗超现实的方法是将现实注入超现实。模因“荷兰第二”正是通过这种方式做到了这一点，因为它不需要创造新的内容，也不需要对特朗普做出离谱的指控，因为他本身就很离谱，所以只需要呈现他的观点或再创混编他的言论，以及通过插入令人震惊的、特朗普真实行为的素材，其符号学的意义就已经得到了建构，而且会因为人们拥有共同的、对现代社会的幻灭感而呈现出一种庄严感和愉悦感。

## 8.8　基于图像的网络模因中的新达达主义符号学

为了挑战我自己关于网络模因与达达主义以及相关艺术表达形式之间存在概念联系的论点和主张，我在谷歌上进行了一系列搜索，关键词为“2016 年和 2017 年最热门的……模因”。在我对本书和之前作品的研究过程中，我逐渐意识到，对于网络模因而言，重要的是要有一种“感觉”，也就是说关键是能够退一步，考虑全局，超越幽默模因最初的含义，把特定模因及其迭代甚至一系列模因看作一种话语，而不仅仅是简短的“笑话”。因此，我们可以说，当一个模因具备一定程度的实现病毒式传播的特征时，它就已经成为主流，这里的实现病毒式传播不应仅仅理解为可以量化的点赞、分享、回应、转发等数字，而应理解为一种广泛的与特定问题相关的意识形态传播，并因特定原因在个人和群体中产生共鸣。此外，我还打算通过查验我的论点来结束这一章和本书，所以不仅要详细阐述希夫曼（Shifman，2013）的模型，而且要展示新达达主义符号学的具体实例，也许这才是更重要的一点。通过对这些实例的分析和对希夫曼模型的阐述，我们可以发现符号学和互文性在模因传播中的重要性——无论是为了娱乐，还是作为意识形态实践的一种表达方式。

出于现实操作不便的原因，我没有把这些年份中所有的所谓流行模因都包括在内进行分析。相反，我只是选择了从外界收集到的最常见的代表性模因，如表 8.2 所示。

**表 8.2 2016~2017 年的热门模因**

| 2016 年 | 2017 年 |
| --- | --- |
| 1. 亚瑟的拳头 | 1. 巴巴杜 |
| 2. 伯尼还是希拉里 | 2. 柯芙尼* |
| 3. 困惑的蟹老板 | 3. 心不在焉的男友 |
| 4. 邪恶的克米特 | 4. 肯德尔·詹娜，百事可乐 |
| 5. 哈兰贝 | 5. 尊重我的总统 |
| 6.2016 年初 / 年底的我 | 6. 病得不轻吧 |
| 7. 螺母按钮 | 7. 撒盐哥 |
| 8. 青蛙佩佩 | 8. 地板是…… |
| 9. 小气的乔·拜登 | 9. 这是自由主义者想要的未来 |
|  | 10. 白人微笑眨眼 |

* 柯芙尼（Covfefe），特朗普自创的神秘词语。——译者注

由于我们在前面的章节中已讨论过“青蛙佩佩”、“巴巴杜”和“心不在焉的男友”，在此不再赘述，但它们与本章讨论主题的关系紧密。作为

分析的一部分，直观地说明 2016 年和 2017 年模因的定位是有必要的。我将 19 个模因绘制在一个定性坐标平面图上，其中 X 轴或横轴表示左倾或右倾的政治意识形态，Y 轴或纵轴强调模因的主要目的是幽默或是批判，如图 8.1 所示。斜体字表示是 2016 年的模因，下划线的文本表示是 2017 年的模因。

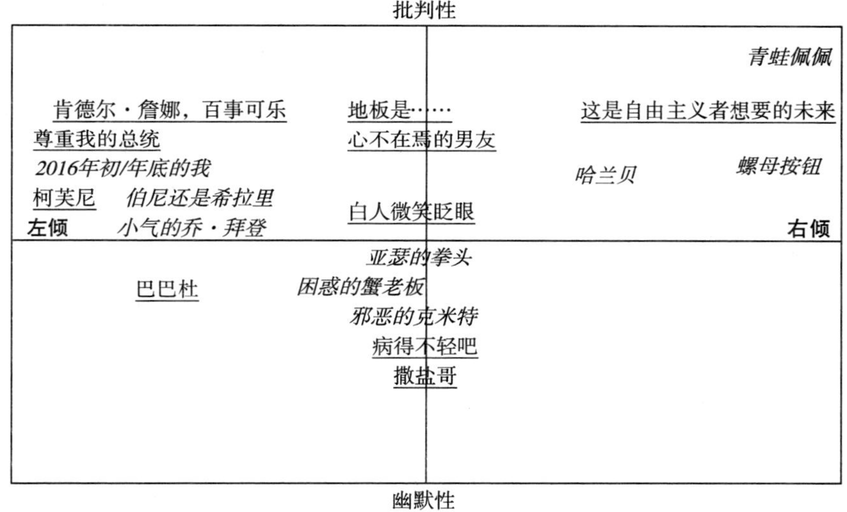


图 8.1　定性绘制模因的坐标平面图：政治意识形态和主要目的

定性坐标平面图是基于对模因数字话语的评估，以及它们被使用的方式而绘制的。然而，在继续分析和结束讨论之前，必须解决几个问题。这种方式的主要局限之一就是我的主观性。虽然我可以通过建立一个一致且有效的可靠编码策略来宣称自己的客观性，但由于这涉及语言和将模因解释为文本，我必须承认这种方法是纯描述性的。我试图根据我对模因原始含义的解释来绘制模因图谱，其基础是“它是什么”，而不是“它为什么在这儿？”相应地，这种分析也有其局限性，因为图 8.1 所显示的观察结果可能不是对现实的准确反映。作为坐标平面图中政治光谱两极的一个例子，“2016 年初 / 年底的我”（Me at the Beginning/End of 2016）和“青蛙佩佩”模因都通过加入符号学和互文选择对特定的意识形态实践进行了再创混编。在左倾的方面，“2016 年初 / 年底的我”显然表示一种政治—文化批判信息，表达了对 2016 年动荡——唐纳德·特朗普出人意料地赢得选举——的沮丧、疲惫和幻灭。因此，我并不认为分享这个模因或参与再创混编这个模因的人在政治立场上一定是左倾的，但鉴于其批判的性质，这个模因所表达的信息确实是左倾的。同样，“青蛙佩佩”模因也是政治右翼意识形态实践的一个很好的例子，因为它在 2016 年和 2017 年被特朗普的支持者使用。事实上，值得一提的是，自从这个模因形象的创造者、艺术家马特·富里（Matt Furie）在 2005 年创作出这个漫画人物以来，该漫画人物已经发生了演变，富里创作它的本意是让该人物变得无害，而现在却被另类右翼、白人至上主义者和新纳粹组织利用（McCausland，2017）。关于我提到的局限性，即这些模因可以被改变、修改等，以变得更幽默或更具有批判性，政治取向也可以调整，但我关注的是模因的原始动机，而不一定是其衍生物。从某种意义上说，我是在评估话语的意识形态特征：这些模因的核心是一种略显灵活的理念，通过将幽默与某种程度的视觉论证相结合，对这种理念的运用变得细致入微。我们对每个模因的解读都不可避免地带有主观性；然而，通过强调模因使用符号学和互文参考所指示的意识形态实践，我真诚地希望尽可能客观地呈现这种分析。此外，我将一些模因标记为政治中立，如“撒盐哥”、“亚瑟的拳头”和“心不在焉的男友”，但这些模因也必须从局限性的角度加以考虑。这些模因中的每一个都可以用于左右两派的政治批判目的。在第 3 章和第 4 章，我举例说明了出于不同政治目的、在 Twitter 上发布的“心不在焉的男友”模因，其中一个模因批评了欧盟，并暗示支持类似英国脱欧的意大利脱欧；另一个则批评了加泰罗尼亚前领导人卡莱斯·普伊格德蒙特试图通过逃往比利时来逃避西班牙的逮捕（指控现已撤销）。同样，人们也可以很容易将“撒盐哥”或“亚瑟的拳头”进行再创混编，以批评政治立场中的任何一派，无论是左右两派还是中间派。关键在于，许多基于图像的模因中，符号学和互文选择的功能可以随意更换，并且会被具有共同观点或视角的特定人群以特定方式解读，但这种解读不可避免地受到了外部媒体叙事的影响。这正是网络模因的“话语权力”，而这种权力又依赖于个体的能动性。

尤其是对于“这是自由主义者想要的未来”（This is the Future Liberals Want）这个模因，必须在此加以澄清，因为我把它绘制为右倾和批判性的，但它事实上发生了变化。该模因始于 2017 年 5 月一名极右翼用户在 Twitter 上发布的一张图片，原图是一个戴尼卡布面纱的女人坐在变装皇后（drag queen）旁边，然而，随后对该模因的“回应”通过“掌握”原始信息的形式对其进行了批判性的再创混编。虽然这个模因最初是站在政治右翼的立场上，并带有批判的目的，但其衍生品却通过讽刺、恶搞、嘲讽和并置比较等方式颠覆了其右翼立场。

## 分析：利用阐释的模型

希夫曼（Shifman，2013）在最初介绍她的模因类型学时断言，可以通过分析“内容”、“形式”和“立场”来完成对模因的分析。正如我在第 1 章中提到的，由于基于图像的模因中没有人类言语，因此“立场”成为符号学和互文意义的载体。首先，让我来解释一下坐标平面图中央位置的模因。从 2016 年的模因开始，像“亚瑟的拳头”、“困惑的蟹老板”（Confused Mr. Krabs）和“邪恶的克米特”（Evil Kermit）这些模因都被绘制为相对中立，因为它们的使用非常灵活。例如，“亚瑟的拳头”取自同名儿童系列剧中亚瑟这一角色的屏幕截图，但被作为回应性的图片模因使用。因此，根据随后插入的其他信息，其使用可能会带有左倾或右倾的政治信息。通过强调符号学和互文性的立场分析，我们可以意识到一个模因可能相对中立，但这里我需要重申杜尚的“现成品”观点，即一旦被数字文化选中来解决某个社会问题或回应人们关注的焦点，其意义就会被改变。同样，2017 年的模因也在很大程度上依赖于插入的内容才能确定其政治信息。例如“撒盐哥”、“白人微笑眨眼”（White Guy Blinking）、“病得不轻吧”（Roll Safe）、“地板是……”（The Floor Is...）、“心不在焉的男友”这些模因本身并不具有政治含义，但是，随着互文引用的插入和使用转喻或隐喻等符号学工具，它们或许很快就在政治上变得左倾或右倾。我把“哈兰贝”（Harambe）绘制在中间偏右的位置，这一点需要说明。哈兰贝是一只 17 岁的银背大猩猩，2016 年 5 月下旬在辛辛那提动物园，为了保护一个掉进围栏的孩子，哈兰贝被杀死（Knowyourmeme.com，2016a）。在一系列该模因的变体中，比如在对已故名人如大卫·鲍伊（David Bowie）[①]和普林斯（Prince）[②]的致敬作品中加入哈兰贝，说明这个模因也吸引了种族主义者，他们将已故大猩猩与非裔美国人联系起来。一系列心理实验发现，这种联系在白人中很常见（Goff，Eberhardt，Williams，& Jackson，2008）。此外，“哈兰贝”模因还成为假新闻的素材，用来解释特朗普出乎意料的选举胜利。具体而言，一些 Twitter 用户声称有 11000 人或更多人在投票中写下了“哈兰贝”的名字，作为特朗普或克林顿的替代选项。但是，与假新闻一样，即使知道它是假的，这个帖子也仍然在传播。出于这两个原因，将非裔美国人和大猩猩联系起来的具有种族主义以及将哈兰贝事件发展成假新闻的行为，都表明这个模因是右倾。

对于那些我已经绘制出明显左倾或右倾的模因来说，符号学和互文性引用仍然显著影响着意义的构建，但在这一构建过程中，信息的方向性已

---

① 大卫·鲍伊是一位英国歌手、词曲创作人和演员。他以其独特的嗓音、多样的音乐风格和创新的舞台表现而闻名，对摇滚、电子音乐和流行文化产生了深远的影响，是 20 世纪最具影响力的音乐家之一。——译者注

② 普林斯是指 Prince Rogers Nelson，他是一位美国非裔歌手、词曲作家、音乐制作人和多乐器演奏家，以其创新的音乐风格和充满魅力的舞台表演而闻名。——译者注

经大致确定，不像上面讨论的中性 / 中立的模因。例如，“伯尼还是希拉里”模因始于 2016 年，用于批评当时的候选人希拉里 · 克林顿，该模因将她定位为一个“不酷的人”（uncool），即一个一心想扮酷但并不酷的人。在随后的每一次再创混编中，伯尼 · 桑德斯（Bernie Sanders）都以一种真实而有意义的方式被定位为比希拉里更酷、更时髦。显然，这个模因在政治上是左倾的，它对流行文化的互文引用传达了一种伯尼很“酷”而希拉里不酷的意味。这种对比通过符号学的方法建构了伯尼 · 桑德斯隐喻的酷的形象，并在社会上产生了影响。在意识形态实践方面，认同这种解读的个体更有可能接受并传播这一主流意义。酷与不酷的并置对比体现了一种建设性的符号学方法。

就新达达主义符号学而言，有必要确定哪些模因包含这种传播结构，以及如何识别它们。此外，我认为，为了慎重起见，应该从对模因作为文本的预期（或主导）意义的影响角度来说明这种方法的结构性问题。正如我所指出的，我倾向于将一些模因置于中立位置，甚至将那些可能更倾向于幽默或批判目的的模因置于中立位置，因而很难确定这些模因的意图是否针对并作用于特定受众。然而，即使是位于中立位置附近的模因，仍然具有新达达主义符号学的一些特征。如前所述，新达达主义符号学包括以下任一或多个方面的内容：黑色幽默；冷嘲热讽；幻灭感；对现代社会的恐惧 / 震惊（但对令人恐惧或震惊的事情不做直接或明确的讨论）；怪诞、荒谬的表达方式；自嘲；畏缩的；有攻击性的幽默；对污言秽语的引用。例如，“白人微笑眨眼”这个模因实际上起源于德鲁 · 斯坎隆（Drew Scanlon）的一个循环短视频或 GIF 动图，斯堪隆是“视频游戏网站 Giant Bomb 的视频编辑和播客博主”（Knowyourmeme.com，2017）。通常这类模因被用来表示失望、沮丧，表达困惑、幻灭或受伤的感觉。

这类 GIF 动图模因以及相关动图的显著特点在于，即使在人们不了解 GIF 动图来源的情况下，它们仍然具有传播的功能。这正是新达达主义符号学的要点：我们淹没在内容、消息、信息、新闻中，在无休止的媒介参与和互动循环中，我们有一个现成的回应选项，这一选项是预制的、易于获取和使用的，因此个体与其进行深入对话，不如简单轻易地获取这些 GIF 动图，并将其用于替代有意义的对话。模因“病得不轻吧”是一个图像宏，它是“演员卡约德·埃吕米（Kayode Ewumi）在系列网剧《兜帽纪录片》（Hood Documentary）中扮演角色里斯·辛普森（Reece Simpson，又名 Roll Safe）时咧嘴笑着指着自己太阳穴的截图”（Knowyourmeme.com，2016b）。在前面的坐标平面图上，我将这个模因绘制在中立位置，但更多的是为了幽默。作为一种图像宏，这个模因倾向于使用单线笑话[①]或者通过设置和凸显笑点的方式来传达笑点。比如有一个关于单线笑话的例子是：“如果不查银行账户，你就不可能破产。”而关于结尾画龙点睛有一个例子是：[上段文字]不会被解雇，[下段文字，点睛之笔]只要没有工作。可以说，模因“病得不轻吧”的主要功能既是以幽默的方式对待批判性思维和决策中的错误，也存在新达达主义符号学的痕迹。根据笑话传播过程中加入的不同元素，这个模因包含了黑色幽默、疏离的讽刺等元素，其本质是一种庆祝性的自嘲，好像在说“我知道我不够好，但这很有趣，所以这很酷”。

在左倾的模因中，有一个特别突出的例子表现了模因中新达达主义符号学的内涵。“肯德尔·詹娜，百事可乐”模因源于一个广告，该广告旨在为“黑人的命也是命”运动发声，但结果适得其反。这则广告由于受到批评而被撤下，但或许仍然能在 YouTube 上找到（可以通过肯德尔和凯莉·詹娜的 YouTube 频道观看：https://www.youtube.com/watch?v=dA5Yq1DLSmQ）。从根本上说，尽管还存在其他诸多问题，这个全由白人组成的制作团队在工作中的出发点很可能是好的，但是由于没有

① 单线笑话（one-liner）是一种简短而有力的幽默表达，通常只用一句话就能传达整个笑点。——译者注

与“黑人的命也是命”社群建立联系，该广告注定会激发人们创作模因的欲望。或许，广告中最引人注目的、超现实的时刻是将肯德尔·詹娜作为无言的代言人，进行安全而匿名的抗议（例如用百事可乐标志的颜色装饰的和平标志，这显然不是巧合）。在广告中，一名时尚摄影师正在拍摄詹娜穿着金属质感的连衣裙、戴着金色假发的照片。背景中，抗议者在游行，但目的并不明确。突然，詹娜注意到了抗议活动，并奇怪地把她的金色假发扔向一个毫无戒心的黑人女性，看也不看她一眼便擦掉口红，穿过人群，走向一名前面的（白人）警察。接下来詹娜把一罐百事可乐递给警察，音乐此时暂停以突出打开罐子的声音，然后广告结束——仿佛通过分享一罐甜味的碳酸饮料，所有问题都得到了解决。我将其标记为左倾和批判性模因的理由显而易见。

然而，“肯德尔·詹娜，百事可乐”的广告模因中存在哪些新达达主义符号学的特征呢？该广告于 2017 年 4 月 4 日播出，次日就有人提出了严厉批评。马丁·路德·金博士的女儿柏妮丝·金（Bernice King）在 Twitter 上发布了一张她父亲被警察推搡的黑白照片，并配文“如果爸爸知道 # 百事可乐的力量就好了”。另一张照片中，马丁·路德·金博士要求购买 6 瓶装的百事可乐，以缓解塞尔玛（Selma）[①] 的紧张气氛。其他再创混编版模因则描绘了詹娜把百事可乐递给面带微笑的阿道夫·希特勒（Adolf Hitler）。另一张图片模因则展示了一名黑人男性非暴力抗议者坐在餐厅里的历史性画面——周围的年轻白人男子盯着他看，并配上文字“算了吧，他点的是百事可乐”。还有其他的模因继续围绕这一主题创作，但把詹娜排除在外了。比如一张马尔科姆·艾克斯（Malcolm X）[②] 拿着枪

① 塞尔玛是美国阿拉巴马州的一个小镇，因马丁·路德·金带领黑人民众 在此地争取黑人投票权而闻名。——译者注

② 马尔科姆·艾克斯是 20 世纪中叶美国著名的非裔美国人民权领袖和政治活动家，以其强有力的演讲和对黑人民权运动的贡献而闻名。——译者注

往窗外看的图片，配文为“当警察来的时候，你的冰箱里只有可口可乐”。另一个模因显示，一名黑人青年向穿着防暴装备的警察喊话，配文是：“你想要健怡还是普通百事可乐？”使用“肯德尔·詹娜，百事可乐”的模因与采用历史参考资料的相关模因类似，包含了新达达主义符号学的多种特征。这则广告对于百事可乐而言是失败的，但是，鉴于它允许人们以创造性和形象化的方式发泄愤怒和沮丧，它又是成功的。

简单地说，将百事可乐罐的彩色图像插入马丁·路德·金的黑白照片中，或描绘詹娜把易拉罐递给希特勒的形象，实际上是一种视觉上的修辞手法，即“歧义挪用”（catachresis）。在文学和艺术运动中，如达达主义和超现实主义中，“歧义挪用”的功能是表示极端的情绪状态或暗示疏离感。在修辞学中，“歧义挪用”通常意味着故意误用，例如指桌子的“腿”（在技术上腿是生物学上的，但上下文中语义是正确的），或者称失业者为“求职者”。

作为新达达主义符号学中一种视觉上的“歧义挪用”，“肯德尔·詹娜，百事可乐”模因使用历史图像和参考资料，通过对现实世界中持续存在的关切和问题的符号化，凸显了该广告的极端荒谬性。这些模因表面看上去很幽默，尽管它们也具有批判性，但其表达幽默的能力不容忽视。也就是说，尽管幽默的成分表面上看是肤浅的，但不容忽视的是它有更深层次的内涵。除了幽默以外，对广告进行再创混编的回应中还蕴含着一种类似痛苦的情感，比如柏妮丝·金的推文。当某一事件或问题引发人们明确回应它的冲动时，模因的“现成品”功能就会持续存在。因此，网络模因始终能够快速、直观、有意义地概括批判性的情绪。

在前面我绘制的坐标平面图中，被标注为政治左倾的模因往往扮演着一种视觉发泄工具的角色，可以表达愤怒和幻灭感。由于其分享环境（社交媒体平台）的性质，除此之外它们几乎没有其他作用。参与模因制作和传播的行为取代了其他现实世界的社群参与模式。诚然，这是一个相当宽泛的概括，但它提出了一个有趣的结论，即在政治上，左倾的模因具有宣泄的功能，而右倾的模因——尽管也提供了宣泄的机会——却通过图像重新确认了群体的忠诚。其中我们看到似乎有一组模因表达了讽刺和沮丧，而另一组模因却似乎专注于维持意识形态的现状，对此我们需要收集和分析更多的实证数据来验证。

至于坐标平面图中的所有模因，特别是那些最初具有批判性或具有再创混编批判能力的模因，其传播功能仅限于在线话语实践。分享这些模因有助于重新确认一个群体的身份，同时也满足了对社会付出的需求，即分享这些模因是为了获得它们带来的反响。我对网络模因分析的主要观点是，虽然参与到这种话语场景中可能会令人感到愉悦，但似乎没有什么其他收获。值得指出的是，“微行动主义”（microactivism），或者说就某一社会重要问题发布的日常博客、发帖、分享等活动（Marichal，2013），是理解如何扩大模因传播范围并能够引起对某个问题有意识地关注的方法，可以说本质上这是一种理想的结果。然而，坐标平面图中绘制的模因指向了几个严重的社会问题（如紧张的种族关系、白人特权问题、极右势力的崛起等），但个人在分享这些模因的过程中又能获得什么呢？他们的实际收获到底是什么？例如，在研究过程中，我举例说明了网络模因如何有助于网民在线协商其身份，以及一些模因（如“巴巴杜”）如何表达对边缘化群体的支持。然而，个人或团体似乎不太可能通过批判性地制作和使用网络模因来取得任何成就，除非有一个社群参与进来，并制订计划，从战略上推动某些政治倾向。社交媒体似乎非常善于引发人们对现实世界新闻事件的反应，尤其是引发对政治或社会文化观点或两极分化的事件的反应，但极不善于跟进可付诸行动的社会变革。的确，即使是“社交媒体”这个词，当用来描述它应该表达的含义时，也不那么准确。网络模因在视觉上重新确认了一种偏见，让人们发泄愤怒、表达沮丧等，而无须承担参与社会运动的责任。

我想说明的是，无论政治倾向如何，有意义的行动和社会变革的机会正被一种过度模因化的拟态幻境所取代。对现实世界发生的事件、社会和文化焦点、政治运动等做出的反应，并参与在线社交网络，意味着在线讨论既是一种解放，也是一种瘫痪。前者源于任何人都有权使用的巨量传播工具，而后者则由于网络空间的运作受到了可塑真相、部落主义和情感而非逻辑推理的影响。尽管毋庸置疑，网络模因只是这一话语漩涡的一部分，但其紧凑的视觉特质有利于形成这种瘫痪的局面。

## 8.9 结论

在最后一章中，我尝试做的主要工作是提出一种全新的看待网络模因的方式，尤其是看待那些包含对现实世界具有批判性内涵的模因的方式。我在达达主义、超现实主义、新客观主义和网络模因之间建立的联系并非偶然，而是有目的的。将模因视为一种新的文化艺术表现形式，进一步赋予了在数字文化中模因的话语权力更多意义和更重要的地位。也许把数字文化想象成一种桥梁是最恰当的，它连接着由原子组成的现实世界和由比特组成的数字世界。模因是社会系统中个体相互作用产生的意义符号。然而，它们的建构、外延意义和内涵意义都受到意识形态实践的影响。我在本书中自始至终都坚持认为，相对于网络模因而言，意识形态是既定的，也是生活经验赋予的。整体而言，它和文化非常相似，却具体指向了一种意义和表达方式，既可以通过话语受到制约，又可以从中获得解放。例如，将达达主义视为网络模因早期概念的参照物，有助于阐明当代人主要通过选择使用模因对现实世界的事件进行反应或者回应的原因。过度模因化表达的趋势意味着人们的大量注意力都花在制作、策划和使用模因及其信息上，但很可能对模因所反映的问题或危机做得很少。

## 参考文献


Benjamin, W. (1969/1935). The work of art in the age of mechanical reproduction. In H. Zohn (Trans.) & H. Arendt (Ed.), *Illuminations* (pp. 1 - 26). New York: Schocken Books.

Criado, E. (2014, October 15). Black Pete: 'Cheese-face' to partially replace blackface during Dutch festivities. *The Independent*. Retrieved from https://www.independent.co.uk/news/world/europe/black-pete-cheese-face-to-partially-replace-blackface-during-dutch-festivities−9794880.html.

Crilly, R. (2015, November 26). Donald Trump accused of mocking disabled reporter. *The Telegraph*. Retrieved from: https://www.telegraph.co.uk/news/worldnews/donald-trump/12019097/Donald-Trump-accused-of-mockingdisabled-reporter.html.

Dabringer, W., Figlhuber, G., & Guserl, S. (2015). *Formen und Funktionen bildender Kunst 2*. Vienna: Verlag Hölder-Pichler-Tempsky GmbH.

Duchamp, M. (1961, October 19). *The art of assemblage: A symposium*. New York: The Museum of Modern Art. Retrieved from https://www.moma.org/learn/moma_learning/themes/dada/marcel-duchamp-and-the-readymade.

Goff, P. A., Eberhardt, J. L., Williams, M. J., & Jackson, M. C. (2008). Not yet human: Implicit knowledge, historical dehumanization, and contemporary consequences. *Journal of Personality and Social Psychology, 94*(2), 292 - 306.doi:10.1037/0022−3514.94.2.292.

Hoins, M. (2016, February 23). "Neo-Dadaism": Absurdist humor and the millennial generation. Retrieved from https://medium.com/@meganhoins/neo-dadaism-absurdist-humor-and-the-millennial-generation-f27a39bcf321.

Horwitz, R. P. (Ed.). (2001). *The American studies anthology*. Lanham, MD: SR Books.

Hopkins, D. (2004). *Dada and surrealism*. New York: Oxford University Press.

Jacobs, J., & Pettypiece, S. (2018, March 2). Trump swaps his beloved burgers for salads and soups in new diet. *Bloomberg*. Retrieved from https://www.bloomberg.com/news/articles/2018−03−02/trump-swaps-his-belovedburgers-for-salads-and-soups-in-new-diet.

Jenkins, H. (2012). *Textual poachers: Television fans and participatory culture*. New York: Routledge.

Knowyourmeme.com. (2016a). *Harambe*. Retrieved from https://knowyourmeme.com/memes/harambe-the-gorilla.

Knowyourmeme.com. (2016b). *Roll safe*. Retrieved from https://knowyourmeme. com/memes/roll-safe.

Knowyourmeme.com. (2017). *Drew Scanlon reaction* [White guy blinks meme]. Retrieved from https://knowyourmeme.com/memes/drew-scanlon-reaction.

Lewis, P., & Hilder, P. (2018, March 23). Leaked: Cambridge Analytica's blueprint for Trump victory. *The Guardian*. Retrieved from https://www.theguardian.com/uk-news/2018/mar/23/ leaked-cambridge-analyticas-blueprintfor-trump-victory#img—2.

Marichal, J. (2013). Political Facebook groups: Micro-activism and the digital front stage. *First Monday*, 18, Article 12.

McCausland, P. (2017, July 2). Pepe the frog creator wants to make him a symbol of peace and love. *NBC News*. Retrieved from http://www.nbcnews.com/news/us-news/pepe-frog-creator-wants-make-him-symbol-peace-love-n779101.

McCormick, R. (2009). Coming out of the uniform: Political and sexual emancipation in Leotine Sagan's *Mädchen in Uniform* (1931). In N. Isenberg (Ed.),

*Weimar cinema: An essential guide to classic films of the era* (pp. 271 – 289). New York: Columbia University Press.

Milner, R. M. (2012). *The world made meme: Discourse and identity in participatory media* (PhD thesis). University of Kansas, Lawrence, KS. Retrieved from https://kuscholarworks.ku.edu/handle/1808/10256.

Milner, R. (2013). Hacking the social: Internet memes, identity antagonism, and the logic of lulz. *Fibreculture Journal, 22*(156), 62 – 92. Retrieved from http://twentytwo.fibreculturejournal.org/fcj—156—hacking-the-social-internetmemes-identity-antagonism-and-thelogic-of-lulz/#comment−20.

MoMA (Museum of Modern Art). (2018). *Marcel Duchamp and the readymade*. Retrieved from https://www.moma.org/learn/moma_learning/themesdada/marcel-duchamp-and-the-readymade.

Nahon, K., & Hemsley, J. (2013). *Going viral.* Cambridge: Polity Press.

Open Culture (2011, June 24). Andy Warhol eats a Burger King Whopper, and we watch...and watch. *Open Culture: Art, Film, Food & Drink*. Retrieved from http://www.openculture.com/2011/06/andy_warhol_eats_a_burger_and_we_watch_and_watch.html.

Phillips, W., & Milner, R. (2017). *The ambivalent internet: Mischief, oddity, and antagonism online.* Cambridge: Polity Press.

Richter, H. (1965). *Dada: Art and anti-art (world of art)*. London: Thames andHudson Ltd.

Sanouillet, M., & Peterson, E. (Eds.). (1973). *The writings of Marcel Duchamp.* New York: Oxford University Press.

Shifman, L. (2013). Memes in a digital world: Reconciling with a conceptual troublemaker.*Journal of Computer-Mediated Communication, 18*, 362 – 377.

Shifman, L. (2014). *Memes in digital culture*. Cambridge: MIT Press.

de Telegraaf (2013, October 22). *VN wil einde Sinterklaasfeest*. Retrieved from https://www.telegraaf.nl/nieuws/1043077/vn-wil-einde-sinterklaasfeest.

Tan, G., & Porzecanski, K. (2018, December 03). Wall Street rule for the #MeToo era: Avoid women at all cost. *Bloomberg*. Retrieved from https://www.bloomberg.com/news/articles/2018−12−03/a-wall-street-rule-for-themetoo-era-avoid-women-at-all-cost.

Transcript (2017). *America first, Netherlands second*. Retrieved from http://lybio.net/america-first-netherlands-second/entertainment/.

# 后　记

在这本书中，我描述了网络模因作为一种话语权力所具有的传播功能。从概念上而言，这里的话语权力及其传播功能由意识形态、符号学和互文性构成。我认为，网络模因确实具备话语权力的功能，但这取决于个人或群体是否会按照传播者的预期优先解读其接收到的模因中内含的信息。模因的生成和传播所具有的媒体叙事特征使这一接收过程复杂化了，无论是幽默的还是批判性的，涉及现实世界的事件或问题的模因都必须引用一篇或多篇相关的新闻报道。然而，这是一个碎片化的过程，因为新闻报道本身不可避免地包含了对原始素材的构建痕迹，以有趣且可能具有娱乐性的媒介化的信息形式呈现。网络模因的悖论在于，一方面，它们是极其强大的数字文化单元，其功能在于它们具有可传播性；然而，另一方面，正是这一传播功能，还限制、界定和构建了个人如何看待和思考现实世界里的事件和问题。造成这一现象的一个主要原因是社交媒体平台的结构。社交媒体应用程序的设计目的就是让人们尽可能长时间地待在媒体上，它们通过图像、标签以及相关手段为用户提供了一种由这些信息所促成的体验，从而策略性地抢夺用户的注意力。尽管 Facebook、Twitter、Instagram、Snapchat 和其他应用程序具有各自的特点，使它们彼此区分开来，然而，它们似乎拥有一个相同的关键特征——似乎所有的社交媒体平台都是以韦伯·施拉姆（Wilbur Schramm）的“选择分数”理论为基础设计的，似乎社交媒体工程师有意构建了这些社交应用程序，以最大限度地提高社交媒体的使用率，并最大限度地减少获得奖励所需的努力，从而大幅度增加使用频率。使用社交媒体所获得的奖励因主题设定和个人的不同而有所变化，但或许都包括以下一项或多项：渴望被喜欢、自我肯定、商业利益、浪漫、迷惑和诱骗、消除无聊、维持成瘾、保持与自己网络及/或一般或特定新闻报道的同步，等等。每天有数十亿人使用社交媒体，网络模因在快速且简明的视觉论证中非常有用就不足为奇了，尽管这些论证往往带有意识形态驱动的成分。当然，理性辩论仍然是可能的，但受到网络模因提供的传播便捷性的威胁。鉴于本书对网络模因的分析和解构，其对话语的影响显然不容小觑。

# 索　引*



* 索引页码指原书页码。

**图书在版编目（CIP）数据**

数字文化中模因的话语权力 /（奥）布拉德利·维金斯（Bradley E. Wiggins）著；李书藏，杨凌译 . 北京：社会科学文献出版社，2024. 11. --（中国社会科学院大学文库）. -- ISBN 978-7-5228-4340-7

Ⅰ. G114-39

中国国家版本馆 CIP 数据核字第 2024Y4G923 号

中国社会科学院大学文库 · 数字媒体前沿译丛

**数字文化中模因的话语权力**

---

著　　者 / ［奥］布拉德利 · 维金斯（Bradley E. Wiggins）

译　　者 / 李书藏　杨　凌

出 版 人 / 冀祥德

责任编辑 / 张　萍

责任印制 / 王京美

出　　版 / 社会科学文献出版社 · 文化传媒分社（010）59367004

地址：北京市北三环中路甲29号院华龙大厦　邮编：100029

网址：www. ssap. com. cn

发　　行 / 社会科学文献出版社（010）59367028

印　　装 / 三河市东方印刷有限公司

规　　格 / 开 本：787mm × 1092mm　1/16

印 张：13.75　字 数：188千字

版　　次 / 2024年11月第1版　2024年11月第1次印刷

书　　号 / ISBN 978-7-5228-4340-7

著作权合同登记号 / 图字01-2023-4498号

定　　价 / 98. 00元

---

读者服务电话：4008918866